贞德

Joan of Arc

贞德

Joan of Arc

皮波人物国际名人研究中心 编著

国际文化出版公司

·北京·

图书在版编目（CIP）数据

贞德/皮波人物国际名人研究中心编著. --北京：国际文化
出版公司，2012.12（2024.2重印）
（名人传记丛书）
ISBN 978-7-5125-0431-8

Ⅰ.①贞⋯ Ⅱ.①皮⋯ Ⅲ.①贞德（1413～1431）—传记
Ⅳ.①K835.657=324

中国版本图书馆CIP数据核字（2012）第199623号

贞德
——

作　　者	皮波人物国际名人研究中心　编著
责任编辑	宋亚眩
统筹监制	葛宏峰　刘　毅　任立雍
策划编辑	周　贺
美术编辑	丁鉽煜
出版发行	国际文化出版公司
经　　销	国文润华文化传媒（北京）有限责任公司
印　　刷	北京一鑫印务有限责任公司
开　　本	700毫米×1000毫米　　　16开
	9印张　　　　　　　　　84千字
版　　次	2012年12月第1版
	2024年2月第3次印刷
书　　号	ISBN 978-7-5125-0431-8
定　　价	34.00元

国际文化出版公司
北京市朝阳区东土城路乙9号　　　　邮编：100013
总编室：（010）64270995　　　传真：（010）64270995
销售热线：（010）64271187
传真：（010）64271187-800
E-mail：icpc@95777.sina.net

目录

目录

目录

天使的告示

默兹河畔的童年

　　1412 年 1 月 6 日深夜，法国东部一个叫杜列米的小村庄里诞生了一个女孩。传说她出生时，虽然四周一片漆黑，离天亮还很早，但整个村子里的公鸡却突然像看到天亮似的啼叫起来。这个女孩后来被取名为贞德。

　　贞德的父亲达克是农家子弟。她的母亲叫伊莎贝尔·洛美，他们都是虔诚的天主教徒。虽然没有受过教育，却具有良好的品德，很受村里人的尊敬。

　　贞德出生的地方是法国东部默兹河东岸的一个小村落。默兹河发源于法国东部

圣女贞德出生地旧址

山区，由法国与德国的边境流出，经过北边的比利时，最后注入北海。

杜列米村有坡势缓和的山谷，风景秀丽而幽静，草地或河面时常有许多柳树和白杨的迷人倒影。这一带又是优质葡萄的产地，有一片美丽的葡萄园。最初的香槟酒，就是用这里的葡萄酿造的。

达克和伊莎贝尔有五个孩子，三男两女，贞德排行第四。贞德出生以后，达克当选为村长，开始代表全村管理整个村落，主要负责收集税金、领导村民看守村庄等工作。他心胸广阔、处事公正、待人诚恳，很有声望。

贞德出生的时候，法国正处在与英国的战乱之中，历史上称这场战争为"英法百年战争"（1337 年 ~1453 年）。

那时，军队除了和敌人作战以外，也抢劫村庄和城镇，以增加自己的财富。他们常常将抢夺到的家具、家畜，当作战利品堆积在车上，满载而归。每个村庄随时都有被军队抢劫的危险，村民整天为这类事提心吊胆。

在这种情况下，村庄和市镇的人们必须依靠自己的力量保卫房屋和家产。他们在自己的农庄和镇上建造高高的瞭望台，派人轮流守卫，一看到有敌人来袭，就暂时逃到别的地方去。

1419 年左右，也就是贞德 7 岁的时候，达克在村外一个河岛上买了一座小古堡。他想将它重新改装修理，用来做瞭望台，一旦发现危险，能提前告知村民及时躲避。

达克经常教育孩子们，做任何事情都要勇敢，不可胆怯，要向着自己既定的方向勇往直前。贞德承袭了父亲勇敢执着的品质。

伊莎贝尔是一位慈祥和蔼的母亲，她经常把自己虔诚信仰的耶稣教义讲给孩子们听，要他们信仰耶稣和玛利亚，按照耶稣教义要求自己的一言一行。

于是，幼小的贞德受母亲的影响，也成为一位虔诚的天主教徒。她深深地认定自己是神的子民，并且认为这是自己伟大的命运。这种坚定而高贵的信仰，支配了贞德的一生，像熊熊燃烧、永不熄灭的圣火，照亮了贞德的前途。

母亲还教会了她所有乡下女孩都应该懂得的家事，像纺织羊毛和亚麻、缝纫、编织、打扫庭院、整理房间，以及为家人做晚餐的汤等等。

在教导这些家事时，母亲特别告诉她，无论多么简单微小的事，都能表现自己对神的爱与敬意。

后来，贞德又从村庄的祭司那里学习到更多宗教的事情，她知道了一些天主教圣人和圣女的故事。

祭司将米迦勒、凯瑟琳和玛格丽特的故事说给她听。他告诉小贞德，米迦勒是古时候和恶魔打仗、救了法国的大圣人；圣女玛格丽特和另外一位圣女凯瑟琳，是侍奉圣母玛利亚，为神殉教，终生清白、高洁的女人。他们是法国的守护神。

这些故事在贞德幼小的心灵里留下了深刻的印象，她决心为自己的信仰奉献一生。

除了祈祷、信仰神之外，贞德对游戏也同样喜好。

她与村庄里的孩子常常成群结队，赶着羊群到村子外的牧场或草原放牧。

牧场上开满了美丽的花朵，到处洋溢着醉人的花香。他们就在低头吃草的羊群边，用野花编成头冠和首饰，玩捉迷藏、赛跑、合唱等游戏，非常快乐。

那段时期贞德陶醉在澄蓝明朗的天空下，沉浸于歌声与欢笑中，长成了一个爱笑、明朗的少女，像一盏明亮的灯，带给大家光明与欢乐。

可是，这种无忧无虑的日子很快就过去了。

法兰西战火弥漫

杜列米村西面三公里的地方，有一个小森林，沿着森林里的斜坡往下走，可以看到一棵桦树。这棵树被村里人叫做仙女树。传说这棵树下常有仙女出现。

对村里的小孩和年轻人来说，仙女树下是礼拜天或节日里最好的游乐场所。

贞德和她的伙伴们在忙完家事和牧羊的工作后，也常到这棵仙女树下唱歌跳舞、做游戏。

一天，贞德和同伴们在仙女树下用树叶做首饰，当作送给圣母玛利亚的礼物。

可是，不久后贞德独自一个人离开同伴，跑到圣母玛利亚的雕像那儿去了。

同伴们发现贞德不见了，就到森林中的小礼拜堂去找她。他们知道贞德一定在那儿，因为贞德最喜欢那里的圣母雕像。

"果然在这里！"同伴们喊着。在礼拜堂圣母像下面，他们找到了跪在那儿一动不动的贞德。

这时，贞德正在为她的祖国全心全意地祷告。因为，此时的法兰西王国战乱连年，正遭遇着悲惨的命运。

13世纪，也就是贞德出生前的两百年左右，那时的法国是欧洲的大王国，封建制度很完善，经济、艺术、宗教文化都极其发达。当时英法两国王室之间有着复杂的亲属关系，英国国王在法国国内享有公爵的地位，并且拥有领土。

到14世纪中期，法兰西的王位继承问题成为导火索，英国当时的国王爱德华三世认为自己有资格继承法兰西王位，法兰西当局却不认同。英国以此为借口，派兵进攻法国。于是，历史上有名的"百年战争"拉开了序幕。

1337年，英国国王爱德华三世（1327年~1377年在位）亲率大军进攻法国，战争开始。

1340年，英法两国发生海战，法军战败。英国控制了英吉利海峡。

1346年8月，双方在克雷西会战，英军大捷，乘胜进入诺曼底。

1347 年，英军攻占法国的加来。

1356 年 9 月，普瓦捷之战，法军大败，法王约翰二世（1350 年~1364 年在位）及众臣被俘，英国借此向法国索取巨额赎金。

1360 年，法国王子查理被迫签订屈辱的《布勒丁尼和约》，把加来及法国西南部大片领土割让给英国。

1364 年，王子查理继位，称查理五世（1364 年~1380 年在位），为了夺回失地，他改编军队，整顿税制，紧张备战。1369 年起连续发动攻势，几乎收复全部失地。

长期的战争，使得法国耕地荒废，农民们被连年不断的掠夺和沉重的税金弄得苦不堪言。

之后，法国又流行可怕的鼠疫，丧失了 1/5~1/3 的人口。

贞德出生的时候，法兰西王国正处在这种悲惨的状况中。

当时，统治法国的是瓦卢瓦王朝，在位的国王是查理六世（1380 年~1422 年在位），他只拥有很小一部分领地。法国当时的大部分地区都成了英国的领土。

这样，法王和英王到底哪位才是真正的法兰西国王呢？

法国的不幸不仅如此。当时的查理六世，严格说起来是一个精神不太正常的疯子，他虽然也偶尔有清醒的时候，但是无法治理国家。因此，由德国嫁过来的王后便理所当然地摄政。可是，这位年轻的王后却是一个坏女人。她的容貌十分美丽，行为却不检点，与奥尔良公爵路易发生了恋情。

法兰西王国在这种国王和王后的治理之下，会是什么情况呢？

起初，法国国内的权力分为两派：一派以路易为首，另一派是勃艮第公爵约翰。

这两派一直互相杀戮、争权夺利。

1415 年，法国在阿金库尔战役中战败，英军很快占领了首都巴黎及法国北部的大片领土。1420 年，英国与控制法国政权的以勃艮第公爵为首的贵族集团勾结，把《特鲁瓦条约》强加给法国，条约规定：亨利五世有权在查理六世死后继承法国王位。

查理六世的儿子查理王子（1422 年~1461 年在位），从小就生活在混乱的王宫中。当贞德结束少女时代之时，他也长成了一个懦弱无能的人。他徒有王子之名，却没有实权。

以奥尔良公爵路易为中心的阿尔玛纳克派，经常利用王子的名义发展势力，最后终于和王后起了冲突。阿尔玛纳克派假借王子的旨意，将王后放逐到法国南部。不久之后，又再次将她放逐到更远的地区。

王后非常生气，她竟然对外宣称，查理王子并不是国王的亲生儿子。她否定查理王子的正统地位，企图剥夺查理王子的王位继承权。这令查理王子非常害怕。原来就很懦弱的他，这时对自己和国家已完全丧失了信心。

当时，王子的兄弟都已经死了。王后的这个宣言，无异于使法国王室后继无人。

神的指示

法兰西王国这些可悲可叹的遭遇都是在贞德 10 岁左右时发生的事。

"可怜的国王查理六世发疯了！

"伊莎贝拉王后把国家出卖了！

"查理王子只剩下一小部分的领土，他整天唉声叹气，怀疑自己不是王位继承人……"

这些不好的消息，慢慢传到了贞德所在的杜列米村。而战争的脚步，也一点一点离贞德平静美好的生活越来越近。

贞德的家开始经常有过往的旅人借宿，那些人大都是修道僧或邮差，他们有的是从巴黎或法国北部的其他城市来的，所以常常会把法国的危急情况和战争的可怕说给贞德听。

贞德同情那些遭受厄运的同胞们，她知道法国人民正陷入悲惨的境地，法国的未来一片黯淡，这让她心里非常难过。于是，贞德更虔诚地向圣母玛利亚祈祷。

这份虔诚的信仰使得贞德相信自己年少时在幻象中见到的是天使，在她此后的人生中，不断敦促她为解救法兰西而前进的也是天使。第一次听到天使的声音时，贞德已经 13 岁了，她个子不高，但是身体很结实。她的头发乌黑，眼睛不大，却澄澈美丽，焕发出一股热诚的光芒。她的声音和她那结实的身材不太相称，细细的、很有女性味道，听起来非常柔和。

她虽然年纪不大，但已经是一位温柔而懂事的少女。每天晚饭后，那些来借宿的人说完了话，开始疲倦时，贞德就主动把床借给他们，自己则睡在稻草上。有时候，她也把自己的晚餐让给别人。

"我这样照顾别人，神也许会解救我的祖国！"贞德心里总是这样想。

一天早上，贞德和往常一样，跟同伴们在郊外牧羊。有个同伴突然提议大家比赛跑步并邀请贞德一块儿参加。

贞德跑得很快，像矫健的小羚羊一样，没多久就把同伴们远远抛在后面。她跑到一个陌生的地方，回过头来看不见同伴，才停了下来。

"我怎么跑出这么远了！这是什么地方？"就在贞德暗自回想的时候，她面前出现了一个年轻男人。贞德吓了一跳，因为她从来没见过这个人。年轻人说："你赶快回家吧，听说你母亲正在找你。"

贞德听了之后，来不及考虑这个年轻人是谁，他从哪里来，为什么会知道这件事，又为什么这么说。她以为母亲有很着急的事情找自己，转身就往回家的路上跑。可是，母亲看到贞德回来，却很惊讶。

"妈妈，你找我有什么事？"贞德气喘吁吁地问。

母亲很是莫名其妙，回答道："没有啊！谁告诉你的？

快回去照顾羊群。你从菜园绕过去比较快！"

贞德听了母亲的话，虽然百思不得其解，但还是按照母亲的意思，抄捷径往郊外牧场跑去。跑到能看见教堂的地方时，贞德停了下来。因为她看见教堂那里正有一道奇妙的光射出来。那是贞德以前从未见过的光。

贞德很吃惊："奇怪！那是什么光？我以前从没看见过！"

那道光越来越强，越来越亮，却一点都不刺眼，反而让人觉得非常温暖且柔和。贞德凝视着那道光，觉得心里充满了庄严和宁静。她静静地站在那里，感到一种从来没有过得幸福和安详，她甚至忘记了要去牧场的事。

过了一会儿，她听到天空中传来一个声音："贞德，你不能再像现在这样无忧无虑地生活了，你必须改变现在的生活方式！你必须去做伟大的事！因为神选中了你，要你担当起解救法兰西王国的重任。你必须扮成男子，拿着武器，站在战场的最前线，带领法兰西的战士们保卫你的国家！"

贞德被这样的场景所震撼，不知不觉跪了下来。她在胸前画着十字，然后垂下头，虔诚地接受神的教诲。但是小女孩好奇的心性使得她偷偷地看着发出声音的方向。结果，她看见在那道光芒中，浮现着圣米迦勒的影像。

贞德确信自己一定不会看错。她在祭司家中看过圣米迦勒的画像。这个穿着甲胄，拿着剑，一身骑士装扮的男人一定就是圣米迦勒。

贞德很感动，主耶稣终于听到了她的祷告，准备解救法国人民了。她把双手交叉放在胸前，心里默默地说："圣米迦勒，我相信你现在所说的。因为你就是主的使者！"

贞德的灵魂坚定地相信着圣米迦勒的话。那声音又重复了一次，然后才随着那道光一起消失了。

这时，贞德几乎忘掉了一切，她一直跪在地面上，保持着之前的姿势，比以往更虔诚地祷告。等她恢复神志时，感觉内心充满了无尽的喜悦和感动。

很久以前，贞德就坚定地相信，主耶稣一定会拯救法国，会为法国做一件有意义的事！

现在，贞德知道主耶稣已经开始为法国做那件事了，而且为了拯救法国，主耶稣要征用贞德。

可是另一方面，贞德又觉得十分惊讶："像我这样的乡下女孩，既不识字，也不会读书。能穿上骑士的服装，离开故乡到战场去吗？能达成主的命令吗？"

那以后不久，圣米迦勒又出现在贞德面前。不过，他不是单独出现，而是和圣女凯瑟琳、圣女玛格丽特一道。两位圣女谦恭地陪在圣米迦勒后面，向贞德露出温柔的微笑。

圣米迦勒

圣米迦勒告诉贞德，在实行主的命令之前，必须先锻炼自己，使自己具有足够多的能力。这些能力包括绝对的忠诚和最大的勇气。不论多么微不足道的事，都必须忠诚；不论多么巨大的困难，都不可退缩。

"要勇敢、大胆！"圣米迦勒对贞德说，"你必须对凄惨的法国，付出最大的同情心！"然后，他还详细地告诉贞德，战争是人类最大的敌人，它践踏生命，漠视尊严，会给人类造成巨大的不幸。

听了这些，贞德特别难过。她觉得为了同胞，自己必须牺牲一切！她已经做好了这种心理准备！可是，等天使离开，贞德一个人独处时，她想到自己的任务如此重大，不免又担心起来。

日子一天天过去，天使不断出现，不断告诫贞德要坚定信念，并且要求贞德绝不能将这件事告诉别人！

贞德忠诚地遵守诺言，以完成神所托付的使命为目标。她越来越觉得自己非常幸福。不但信念越来越坚定，身体也锻炼得比以往更结实。

直到有一天，那时贞德已经 16 岁了。从她第一次听到伟大天使圣米迦勒的声音，到现在已经三年了。

这一天，伟大天使的声音再次响起，他对贞德说："到沃库勒尔去吧！去找总督罗伯特，请求他保护你去解救奥尔良吧！"

解救奥尔良

谒见沃库勒尔总督

罗伯特是什么人呢？解救奥尔良又是什么意思？

奥尔良是卢瓦尔河沿岸的一座城市，是通往法国南部的交通要道，控制了奥尔良，就等于掌握了布尔日、希农、图尔等法国中部的重要城市。在贞德多次听到天使告示的时候，这些城市都还在王子和阿尔玛纳克派手中。奥尔良是"王子派"的重要据点。

当时的奥尔良城周围，有坚固的城墙；临河的一面，在河心建起了桥柱，搭有一座桥梁。桥梁的入口，有一座坚固的要塞，叫做托烈尔。

1428年，英国决定派出由大约4000名弓箭手和1000名骑士组成的军队进攻奥尔良。

英军由法国北部南下，同年底接连占领了卢瓦尔河上游的一些城市。

当时奥尔良的"王子派"只有兵士1000人左右，以及一支由市民组成的义勇军，兵力相当有限。幸好，奥尔良拥有许多大矶，守备固若金汤。

为了切断奥尔良与法国南部的交通，英军首先攻击托烈尔要塞。经过一场激战，英军攻陷托烈尔要塞，将奥尔良与卢瓦尔河南岸的交通完全切断。

可是，就在这场战役中，英军的最高指挥官被奥尔良发射的大矶击中，当场死亡。接替最高指挥官的两位将军决定改变战术，包围奥尔良城，切断城内的粮食供应，进而使城中的军队不战而降。

英军在奥尔良城西面和北面的大门前，建造了木制的要塞，企图封锁奥尔良。

奥尔良守备军指挥官对王子忠贞不贰；奥尔良的士兵们也士气高昂，决定死守。但是，城中的粮食和弹药日益短缺，根本不能支撑多长时间，所以，奥尔良方面派人向王子求援。

在奥尔良被围困之前，查理王子对战事一直袖手旁观。现在，奥尔良城随时可能被攻陷，他再也不能不管了。因为，奥尔良城如果被攻陷，他除了逃亡到西班牙或苏格兰外，再也没有安身之所。

1429 年初，查理王子派出约 4000 人组成的军队，从布尔日出发，增援奥尔良。

不过很可惜，这支军队的指挥官们意见不合，矛盾重重，还没走到奥尔良，就被英军打败了。于是，孤立无援的奥尔良，成了风雨飘摇中的烛火，随时都有可能熄灭。

天使要贞德去见的罗伯特，是沃库勒尔地区的总督。

罗伯特家族本来是属于勃艮第派的。不过，罗伯特却是一位忠于王子的领主。他管辖的沃库勒尔是勃艮第派势力无法直接影响到的地区。

罗伯特是一个富有、善良而且有同情心的人。地方上有庆典时，他都能与百姓打成一片，是一位容易亲近的总督。

贞德受到这项重大的指示后，之前积攒下的勇气却好像一下子都消失了。她很担心，不知道怎么跟父母说，这么重大的计划，怎么样才能得到他们的同意呢？她独自跑到小礼拜堂，跪在圣母玛利亚面前祷告，但还是无法得到心灵的平静。

不过，天神似乎听到了她的祷告，也有意坚定她的意志，为她打开了一条通往沃库勒尔的道路。

贞德的一位舅舅拉克扎有一天到杜列米来看望贞德的父母，同时希望贞德到他家里帮忙做一些家事，因为他的妻子生病了。这位舅舅住在沃库勒尔附近的村庄，是一位和蔼亲切的人。

贞德决定请求这位舅舅帮忙。

"我愿意到舅舅家去。不过，我有一个请求。"

"什么事呢？"

"请你带我见罗伯特总督。"

"什么？！带你去见罗伯特总督？为什么？你父母知道了会生气的。"

"嘘！舅舅，拜托你不要那么大声！你别让他们知道，原因我将来再告诉你，好不好？"贞德那种急切的眼神和恳求的表情，终于说动了心肠软的舅舅。

于是，1429 年初，奥尔良被英军围困之时，贞德穿着下摆修长的红色衣服，被舅舅拉克扎带往沃库勒尔。

途中，贞德一面赶路，一面侧耳倾听心里的声音，那个声音不断告诉她："早一刻赶到查理王子那儿……早一刻赶到查理王子那儿……"

终于到达沃库勒尔了。沃库勒尔当时是个人口不到五千的小城堡，拥有的武力也只不过几十个骑士而已。

怎么样才能见到罗伯特总督呢？他肯定不会无缘无故主动接见一个乡下姑娘。

贞德很聪明，她一边耐心地等待时机，一边对周围的人诉说自己所肩负的使命。

起初，人们不相信贞德，认为她所说的"奉神的旨意而来"根本就是无稽之谈。但是久而久之，贞德用她的热诚、严谨而有规律的生活态度，以及谈到使命时的严肃表情感染了当地的人们，大家开始注意听她的话，并且把她的故事传扬开来。

有关这位奇妙少女的事，马上传到了罗伯特总督的耳中。于是，罗伯特决定接见她。

贞德见到罗伯特时说的第一句话是：

"总督，请给我一套骑士的服装和一些护卫的士兵。我要到希农城谒见王子。"

这时的贞德，既不像普通百姓见到领主那样畏畏缩缩，也没有卑躬屈膝的样子。她挺胸、抬头，正视着罗伯特，很清楚地提出要求。

罗伯特震惊不已："你要到希农见王子？为什么？"

贞德把神的指示和圣米迦勒的话，一五一十地转述给罗伯特听。

罗伯特似乎并不相信，他对胆怯地站在贞德背后的拉克扎说："赶紧把这个孩子带回家！请她的父母好好管教管教！"

贞德第一次谒见罗伯特就这样失败了。

迈向希农

第一次的失败并没有让贞德就此放弃。因为她听到天使的声音不断在她耳边回响："战火已经遍布法兰西了！快到战场上去，把英国人赶出法国！让法兰西王国真正属于法国人吧！"

贞德开始改变方法，转而说服罗伯特的部下。其中有两位名叫布兹和梅兹的随从，对贞德非常和气。他们相信了贞德，并且帮助贞德安排再次谒见罗伯特的机会。此外，还有一些罗伯特的部下和沃库勒尔地区的百姓，也都给贞德提供了必要的帮助。

这时候，贞德的家人也知道了这个消息。贞德的父亲达克知道女儿要加入战争，非常愤怒而且伤心。他对贞德的母亲说："早知道这样，当初还不如直接把她丢到河中溺死！"

贞德听说父亲如此生气，心里感到无比的哀伤。她跪在圣母玛利亚像前哭了好久。她觉得让敬爱的父亲和慈蔼的母亲为她担心，实在很不应该。

可是，天使的声音驱散了贞德内心的哀伤。天使用比以往更强烈的语气说："去吧，神的女儿，勇敢地站起来，不要犹豫！你必须去解救奥尔良，它已经接近绝望了！"

贞德再次谒见罗伯特时，比第一次更加勇敢而坚定，因为她知道她正在顺从神的意志，她在按照神的意志做事。她说："我必须到王子那儿，让那些战败的可怜人鼓起勇气，解救风雨中的法国。这本来不是我一个弱女子能做的，我应该偎在母亲身边，舒舒服服地缝着衣服。可是，神把这使命交给了我，我必须去解救奥尔良。"

罗伯特还是不相信贞德的话，他认为贞德极有可能是被邪魔附身了。他决心依照当时的习俗，请神父来为贞德驱魔。

驱魔活动尚未开始，贞德预言 2 月 14 日，查理王子派出的援军，将在奥尔良城外被打败。事实证明，贞德的预言应验了。

罗伯特终于相信这个乡下姑娘是神派来拯救法国的，他决定派护卫保护贞德前往希农。布兹和梅兹两位随从也决定跟贞德一起出发。

罗伯特送给贞德一把剑。贞德把黑亮的长发剪短，穿上沃库勒尔人合力为她做的衣服，披上人们赠送的甲胄，向她的使命迈出了第一步。

出发之前，贞德派人回到家乡告知双亲，她希望得到父母的同意和谅解，结果带回来的是令她振奋的消息。

她的母亲非常相信她，而父亲达克也改变了以前的看法。他终于相信贞德肩负着拯救法兰西的伟大使命，他既骄傲自豪又十分担心。

贞德的母亲还作了一个决定：她要在贞德迈向战场时，步行到圣地为贞德祈祷。她认为既然贞德是"神的女儿"，那么她就应该到神指定的地点去，向圣母玛利亚祈祷，请求她保护贞德。

由杜列米到圣地的路程非常遥远，这对贞德的母亲来说是很艰苦的旅程。但是她只要一想到自己的女儿将和法国的命运结为一体，就勇气百倍了。

再说另一边，沃库勒尔城的广场上，贞德带着她的小型护卫队正在接受罗伯特的检阅。这支队伍除了贞德，还包括布兹、梅兹两位骑士，以及两名随从、一名弓箭手、一名王子派遣的带路者，总计7个人。

一切都准备好了，武器、粮食都配带齐全。

贞德骑在马上，她的面孔很柔和、明朗而且充满了活力。她穿着甲胄，看起来非常雄伟、结实，英姿勃发。

这支小型部队在沃库勒尔人疯狂的欢呼、祈祷和祝福声中被送出城门。他们一路向南行进，离贞德的故乡越来越远。

这趟旅程是贞德开始她传奇一生的第一步。

这时，天使的声音又在贞德耳边响起，天使说："要勇敢！

神的女儿！王子一定会下令迎接你，同时会信任你！"贞德的心被天使的声音守护着，飞向遥远陌生的南方的天空，一路向希农前进……

艰难的旅程

由沃库勒尔到希农，大概有 650 公里，路程遥远而且艰险，中间必须经过一个非常危险的地带。

这里是勃艮第派的领地，他们在此驻守了很多人马监视"王子派"的使者。贞德一行人如果不幸被捕，就无法达成使命了。

除了勃艮第派的人之外，还有更可怕的危险！当时法国国内存在很多流徙骑士，在各地游历、做买卖，也被各地的领主雇用，参加作战；不打仗的时候，这些人就沦为强盗、山贼，做些杀人、抢劫的勾当。这个地区和法国境内许多其他地方一样，遍布野盗、山贼。贞德一行如果碰到这些人，不是被高价卖给敌人，就是会被洗劫、杀害，绝对不可能平安无事。可是，贞德一行必须在如此险恶的地带旅行十多天，那时正是 2 月末、3 月初，在欧洲还是非常寒冷的季节。

如果要避免被流徙骑士和山贼发现，最好的办法就是利用夜晚赶路，而在白天休息。所以，他们常常睡在因为战争而无人的房屋、农舍、仓库或森林等天然隐蔽处。

对贞德而言，不管什么时候，她都无法掉以轻心。

贞德当时正是 17 岁的少女，而护卫她的都是身强力壮、精力旺盛的年轻人，依照当时中世纪的风气，那些人随时都可能用暴力侮辱贞德。

事实上，那 6 个年轻男人起初也的确有过这种企图，可是后来看到贞德的英姿，以及她那种开朗的态度和清晰的话语，他们原先那些下流的念头就消失了，并且为自己曾经有过这样的念头而感到愧疚。

一位曾经见过贞德的男人后来说："看见贞德，会令人忘记她是一个女人。跟贞德在一起时，心会越来越清净，一切邪念都会在不知不觉中消失。贞德好像有一种不属于这个世界的气质。跟贞德相处之后，每个人都会变成善人！"

护卫们还时常看见一种无法解释的柔和的奇光包围着贞德，因此也就相信了贞德是"神的女儿"的说法。

同时，贞德还是一个非常勇敢的人。

据说，有一次她的一个护卫想吓唬她，曾在晚上她睡着时大声喊叫："有埋伏！"然后故意使马受惊，马匹前蹄悬空，高声嘶鸣。其他护卫都有点惊慌失措。可是，贞德被惊醒后一点也不慌张。她很镇定地凝视着黑暗的周围，快速作出判断，知道是护卫故意吓唬她，就说："我什么都没看见，敌人在哪里？我为什么看不见？！"然后便轻轻哼着歌，躺下来接着休息。

护卫们非常惊叹，从此以后，再也不敢捉弄贞德了。

因为经历了很多艰难险阻，这支以贞德为中心的小队伍慢慢产生了一种同甘共苦的凝聚力。那6名护卫的骑士，也受到贞德的影响，渐渐有了为王子奋斗的使命感。他们也更加尊敬贞德、忠于贞德，为贞德尽心尽力。贞德后来能顺利完成使命，这些人的功劳是不可忽略的。

他们的最后一个营地是在费尔布阿圣教堂附近。这教堂供奉的是圣女凯瑟琳。贞德在教堂里对着圣女像祷告了很久。祷告结束之后，贞德又听到了新的告示。这项新的告示，要等贞德向奥尔良出发之前才能执行。

进入希农境内的当夜，贞德一行人远远就看见城内熊熊燃烧的营火，以及营火周围的士兵。那些并不是勃艮第派的人，也不是野盗或山贼，而是他们自己的军队。

贞德立刻下马，跪在地上说："神啊！感谢您平安地带我们来这里！明天我们就要进入希农城，请继续保佑我们。"

在希农城外，贞德派一位使者给王子送去了一封亲笔信。信上说："我受到神的告示。请您允许我的谒见……"

其实早在贞德从沃库勒尔出发时，罗伯特就已经写信把她的事报告王子了。所以，王子和他的随从，以及希农的百姓，都已知道贞德要来的事。

第二天，贞德一行人进城时，所有的百姓都赶来欢迎。为了一睹贞德的英姿，他们争先恐后，推来挤去。贞德被包围起来，随着人潮时进时退。贞德被百姓的热情所感染，不禁在马背上高声喊道："愿神带给你们胜利！"

人们也回应着说："贞德万岁！少女贞德万岁！"

　　"这些都是勇敢的法国人民，都是我的兄弟姐妹！"贞德想，她心里忽然觉得很幸福。

　　贞德虽然如此受到希农人民的欢迎，可是王子和他的随从们却对贞德的到来显得很冷淡。王子只是派人帮助贞德一行人安顿下来，并没有马上接见她，贞德没有办法，只能耐心等候。

　　王子之所以冷淡贞德，有两个原因：第一是他根本不相信贞德是所谓的"神的女儿"。虽然读了罗伯特的书信，又听到希农百姓对贞德热烈欢迎的情况。可是，他还是无法相信这位乡下女孩。这与王子的生长环境和他的性格有关，王子本来就毫无权势，境遇又非常艰苦，所以他养成了不轻易相信别人的性格。

　　第二就是王子的随从人员对贞德没有好感。王子的顾问们实际上都不是真心拥护王子，而只是想获得一些私利。他们不希望因为贞德的到来，莫名其妙地破坏了他们的财路。

　　还有一个原因使贞德很难获得顾问们的好感，那就是她那身男人的装束。在中世纪时代，身为女性而穿着男人的服装，是一种不尊敬神的表现，她的人格和宗教信仰都会受到怀疑。

　　当然，贞德作男装打扮，是受到神的指示和命令。不过，一般人显然无法理解也不能相信这一点。

王子的接见

要不要接见贞德呢？为了这个问题，王子召集随从们共同商议。可是，讨论了很久，还是无法决定。

这时，有一个人起到了至关重要的作用，她就是王妃的母亲。她说："无论如何，我们先看看她是一个怎样的女孩吧！"于是，王子决定接见贞德。

不过，贞德必须先通过两项考验，才能见到王子。这两项考验分别是身体检查和道德检查。

身体检查就是要检查贞德是否是真正未婚的处女。

贞德自称是"神的女儿"，是受到神告示的使者，假如这种说法真实，贞德就应该是处女。检查结果倘若不是，她就会被赶走或逮捕。

经过王妃和她母亲的检查和证明，贞德顺利地通过了第一关。

接着是道德检查。这比身体检查更麻烦、更费时，检查内容是要了解贞德的信仰和她对教会的态度。

贞德是虔诚的天主教徒，她热爱上帝胜过自己的生命。

所以这一关，贞德也很顺利地通过了。

她终于可以谒见王子。

自称是"神的女儿"的乡下姑娘，终于要谒见王子的消息传开后，希农地方的百姓都兴奋异常。不过，王子的顾问们还是对贞德怀有轻蔑和不友善的态度。

这时，奥尔良方面传来消息，奥尔良的情况已经非常严重，根本支撑不了多久了。他们希望王子殿下能接受贞德，让她来解救奥尔良。在这种情况下，顾问们也只好服从王子的决定了。

当夜，希农宫中的大厅里点着无数蜡烛，烛火跃动，高高的天花板都被烛烟笼罩得模糊而朦胧。

许多宫廷的官员和骑士，都来见证贞德谒见王子这具有历史性的一幕。大厅内的气氛非常凝重。

贞德走入大厅，她穿着黑色的裤子和长袜、宽松的灰黑色短上衣，头上戴着一顶黑帽子。

王子想要再考验贞德一次，他故意穿着很朴素的衣裳，和穿得非常华丽、高贵的宫中人士站在一起。

"她如果真是神的女儿，一定可以认出我，否则的话……"王子心里这么想。

贞德走入大厅后，毫不迟疑、笔直地向王子走过去。她的步伐坚定而且充满了信心。她用明亮的眼神注视着王子。然后，清晰地说："王子，神会赐你长命百岁！"

王子还想考验她，故意说："我不是王子，请别认错了。"

贞德当然不会上当。她像生长在宫廷中的女孩那样，以得体的礼仪向王子行礼，仪态优雅端庄。然后，她用洪亮的声音说："我以神的名义，断定您就是王子，绝对不是王子以外的任何人！"周围的人都吃惊不已，他们没想到贞德如此轻易地认出了王子，同时也不由得对贞德这种中规中矩的礼仪生出了敬意。

贞德自幼生长在乡下农家，照理说根本没有机会接触贵族礼仪。可是，她为何能有如此优雅、得体的举止呢？这点直到如今还是一个谜。也有人根据这一点，传说贞德是王后的私生女。

王子终于被她折服了："你叫什么名字？为什么要见我？"

"亲爱的王子，我叫贞德。神派我来协助您到兰斯加冕登基。您将是整个法兰西的国王，您将带领我们把英国人从我们的国土上驱逐出去。而现在，您必须相信我，让我去解救奥尔良！"

这时候，王子才开始相信贞德。他把贞德叫到一旁，依照贞德的希望，与她单独谈话。

贞德用很轻的声音说："王子，外间有一种谣传，说您不是查理六世陛下的亲生儿子。"

听到这话，王子大吃一惊。因为，这正是目前他最困扰的问题。

王后曾经说过，他的生父不是查理国王，而是另有其人，所以，他不是真正的王位继承人。当然，王后并没有拿出实在的证据。不过，他自己也没有任何有力的证明，能确立自己的正统地位。

贞德又继续说下去："王子您不用怀疑，也不需沮丧。神对我说，您确实是查理国王的儿子。"

因为这句话，王子对贞德又多了几分信任。他虽然时常为自己的身世感到痛苦，却从来没有把心中的秘密告诉过别人，这也是他本身以外的人无法了解的。假如贞德只是一个平凡的乡下女孩，她绝不会知道这些。所以，王子开始相信贞德是神的女儿！"因为她是神的女儿，所以才能知道我心底的秘密。现在，神要通过这个女孩，来消除我内心深处长久存在的痛苦和不安吗？"

接下来贞德的话让王子对她更加深信不疑。贞德说："王子，万圣节那天，您是不是独自一个人在祈祷室中祈祷了很久？当时，王子向神祈祷如果奥尔良被攻陷，希望神能保护您安全逃到苏格兰或西班牙？"

王子非常惊讶，这件事除了王子本人以外，绝对没有第二个人知道。他一直凝视着贞德，心中生出一股压抑不住的喜悦。

仆从们发现之前很长一段时间抑郁不乐、脸上从未有过笑容的王子在接见贞德之后，居然渐渐开朗起来。他们很好奇贞德到底对王子说了些什么。

跟王子比起来，他的那些随从和宫里的其他人，就不那么喜爱贞德了。他们本来在宫内衣食无忧，无所事事，日子过得很舒坦，虽然眼见法国凄惨的处境，也曾于心不忍，但自己若能吃得饱、穿得暖，没有灾难降临，其他的事情也就不在乎了。

没料到，贞德这位多事的乡下姑娘，却要他们鼓起勇气，走出安乐的生活，去和英军战斗，这令他们深深地感觉到不快。所以，他们很明显地不欢迎贞德，对她不理不睬。

宗教裁判所的讯问

王子虽然已经很相信贞德，但还是决定详细调查贞德的事情。调查需要一段时间，这期间，贞德就住在希农城中的一间房子里。

有一天，看门的守卫调戏贞德。贞德正色凝视着他说："你实在不该戏弄我，你可知道，你不久就要离开人世了！"

果然，两个小时之后，那个卫兵掉到河中溺死了。

这样奇妙而准确的预言，使人们非常惊讶。可是，即便如此，仍然无法打动宫廷人士的心。调查在继续进行。

首先，他们调查贞德的故乡和家族。这些都很容易查出来。贞德做事一向光明正大，她不但爱自己的双亲和家族，也爱杜列米村的人们。

贞德的生平和家世，没有丝毫污点。同时，杜列米村的人一直都很忠于王子。身世调查结束后，接着要由宗教裁判所直接质问贞德。

贞德虽然表现得很乐意和他们合作，但她心里其实是不舒服的，因为王子还没有完全信任她。"我要怎么做才能获得王子真正的信赖呢？怎样才能使王子了解，我的使命就是帮助奥尔良打败英军，并助他加冕登位呢？"贞德一直不断地思索这个问题。

可是现在有更为头疼的事情，她每天都要接受宗教裁判所的判事、神父和神学者们对她的讯问。贞德很无奈，但是她没有办法，只能服从，因为这都是王子的意思。

很多时候，讯问的内容实在无聊。贞德有时觉得生气，这简直是置奥尔良的军民于水深火热而不顾；有时又很焦虑、不耐烦，觉得这些讯问不过是在浪费时间。贞德不知如何是好，只得拍拍年轻官吏的肩膀，半开玩笑地说："我需要的就是像你这样的年轻人，我喜欢年轻的战士。"

她这种话，当然也是在讽刺那些年老的、不知变通的讯问者。

说实话，那些人问的问题实在太愚蠢了。

曾有一个讯问者问贞德："你信不信神？"

贞德很无奈，她是神的女儿，怎么可能不信神呢？于是，她马上站起来说："比你信得更深！"

还有一个人曾经问贞德："神对你告示时，是用法语发音吗？如果是的话，神的法语流利吗？"这位讯问者是法国中部人，说话带有很浓重的中部口音。贞德忍不住笑出声来，回答他说:"是的,比你要流利很多!"

宗教裁判所还给贞德看一些可以辨别灵魂善恶的论文和书籍。贞德认为其中的内容都是乱七八糟、莫名其妙的。她严肃地告诉询问者们:"神的书中,写得比这些更清楚!"

贞德的话,让讯问者们非常惊讶,也非常生气。不过,贞德的回答并无半点差错。所以,他们也无可奈何。

当时法国一位著名的神学家对这次讯问曾作过如下的描述:"大家不得不相信,贞德确实有坚定的信心,也不得不赞同她的作为……贞德似乎和任何贪欲、丑陋、憎恨、反抗与复仇的心理都没有关联……"

他还赞美贞德道:"这位年轻少女的生活方式,是天主教徒的理想模范!她似乎能解救所有接近她的人!"

在讯问的这段时间里,贞德的支持者也在逐渐增多。首先是王妃的母亲,接着是王妃,然后,一些有权势的人也都开始支持贞德了。

不久,希农人民也一致表示信任贞德,支持贞德。

那时候,百姓虽然没有什么权力,时常被宫廷里身份高、地位高的人瞧不起,但是,民众的力量是任何人都不敢小觑的。他们是粮食的生产者,是支撑国家发展的最大力量。宫廷人士很清楚,他们是靠着从民众身上压榨,才能过着奢华的生活。所以,他们也不敢忽视民众的声音。

有了民众的支持,贞德觉得自己有了更强大的力量,也更有信心了。她的名声越来越响亮。

在这种情况下，宗教裁判所做出了一个对贞德很有利的判决：

> 贞德虽然出身低微，但是神却派天使来给她告示。她能获得如此高的光荣，表示她有高贵的道德。所以，她绝对不是恶魔。
>
> 贞德是一个有勇气的人，她的勇气，都是遵守福音书的教导而来的。
>
> 贞德请求前往奥尔良，解救那座苦难的城市。她会有什么作为，现在还不知道，只能寄以期待！
>
> 基于以上理由，我们不应该拒绝贞德的请求。

通过了宗教裁判所的判决后，贞德还要得到王子身边的人的判定。所幸，王子身边最有力的人也兼任大主教之职。他没有反对宗教裁判所的判决，在宫中召开的会议里他所作的证词都是对贞德非常有利的。

1429 年 4 月 22 日，王子终于决定任命贞德为奥尔良援军总司令。

任命下达的时候，贞德大大地松了一口气，她感到一种前所未有的喜悦。

"太好了！总算可以去奥尔良了。"贞德想。

率军出战

贞德出征前，王子特地送给她一套白银做成的甲胄。这套闪闪发亮的甲胄，使 17 岁的少女贞德，更加显得英姿勃发。

本来，王子还想送贞德一把美丽的宝剑，却被贞德委婉地拒绝了。贞德说："请派人到费尔布阿圣教堂的祭坛下方，寻找一只箱子。那只箱子里装着许多古代的武器。您就从里面找出一把刻着五个十字架的剑送给我吧！"

这就是贞德由沃库勒尔到希农途中，在该礼拜堂祷告时神的告示。

人们按照她的指点，果然在祭坛下方找到了那把特殊的剑。

这是一把很有来历的名剑。

查理曼大帝时代，法国曾经和东边的撒克逊人爆发了一场战争，战争中撒克逊人节节胜利，将法兰西逼入苦战。这时，出现了一个勇士，他带领士兵力挽狂澜，最后在法国南部将撒克逊人打败。

战争胜利后，他就建造了费尔布阿圣教堂，并把自己用过的武器全部埋在祭坛下。

这把刻有五个十字架的剑已经有七八百年的历史了，它长期被埋在地下，已经锈迹斑斑。不过，经过稍微的打磨，它又马上像新的一样，明亮照人、锐利无比。

贞德请人用皮革做了一个剑鞘，然后把剑佩在腰际。她虽然将带着这把剑出战，不过，她并不希望看到敌人流血。对她来讲，敌人的生命同样是可贵的，她希望神帮助她用一种和平的、不必流血的方式解决这场战争。她佩带这把剑的意义，只是用来象征解救祖国的意志。

贞德又拜托王子制作了一面军旗和一面小旗。军旗由随从掌管，小旗则是贞德自己要随时拿在手上的。

军旗上有美丽的刺绣，一面是神端坐在云上的图；另一面是代表法兰西王国的百合花。

小旗用白色的绢制成，非常轻盈，携带方便。旗面上画了玛利亚和基督的升天图，还写了耶稣和玛利亚的名字。这支小旗在后来的行军中，与贞德寸步不离。这面旗是贞德真正的武器，贞德用这面旗告诉世人，她的

贞德

指挥作战，完全是受主和玛利亚庇护的。

王子还给了贞德一支随从部队，其中包括一名随从骑士、一名侍童、数名从沃库勒尔地区来的年轻人、数匹马，以及后来从贞德家乡来的贞德的两个兄弟和一位随军牧师。

出发前的准备工作完成了！

穿上白银甲胄，系上佩剑，骑着马走在队伍前面，贞德的心却焦虑起来。

"准备的时间实在太长了！这段时间里，奥尔良人一定饥饿不堪！必须赶快送粮食去，赶快击破英国军队。"

贞德对周围的人说出这个心事后，周围的人却说："假如神真能解救法国，为什么不制造奇迹，使奥尔良脱困呢？"

贞德回答："战士应该出征打仗，尽全力保卫国家。然后，神才会让战士们获得胜利。"

贞德的意思是：神不会青睐坐享其成的人。我们必须先展开行动，否则神不会解救我们！

一行人由离希农不远的托鲁城门出发，走到王子面前时，贞德并没有向王子敬礼，而是微笑着把手中的小旗放在唇边，吻着圣母玛利亚，表示神将护送她到奥尔良。

希农到奥尔良的中点是布卢瓦城，王子事先在那里集结了一支主力军和大批弹药、粮食。所以，贞德一行人的第一目的地就是布卢瓦。那是一座位于卢瓦尔河北岸斜坡地带的城市。

托鲁城门到布卢瓦有 70 公里，需两天左右的行程。数千人的主力部队正等候在那里。

与布卢瓦的部队会合后，他们就向奥尔良出发了。部队后面，紧跟着数百头牛、羊，那是要送到奥尔良的粮食。

在这趟旅程中，贞德既是前线指挥官，又是后勤总调度。她包办了部队中所有大大小小的事，显示出无与伦比的领导天赋和协调能力。

她时常给予部下恰当的指导，调整粮食的贮存量，并想办法使其保持质量良好。

她也不时责骂一些商人的不诚实行为，比如把荞麦粉掺杂在面粉中出售，或是贩卖腐败猪油。贞德的信念是：无论任何事情都必须绝对诚实。

贞德还经常检点军备，要求必须正确，不能有一点疏漏。她这种严格的态度引起了队长不满，他认为贞德不该插手过问他们队中的事。

通常检点完毕之后，贞德会要求所有士兵和她一起祷告。另外，在每周的礼拜六傍晚或第二天的弥撒中，队里都要举行忏悔仪式。

每当这些时刻，贞德的神情总是十分严肃虔诚。在贞德这种精神的感召下，大家也都敬服了。

对贞德来说，面临困难时向神祷告，是一种必要的心理准备。她自己每天都花许多时间祈祷，祈祷时，圣米迦勒和圣女们就会出现，再度赐给她勇气，使她坚定自己的使命。

有一天，她结束祷告站起来，对自己的听罪祭司说："我想写信给英国国王。"

她认为这次到奥尔良去，不仅敌人，就是自己的军队也难免会伤亡流血，如果能用较为和平的方式取得妥协，是最好不过的。因此，她想要尽最后的努力。

贞德的信由她口述，她的听罪祭司执笔完成。信中态度十分诚恳，文辞非常优美：

> 请将你们在法国的占领地，全部交给神派遣去的这个少女吧！那样，她将以和平的解决方法，使一切恢复原状。
>
> 假使你们不听神的告示，英国军队将蒙受莫大的损伤。因为，神会让少女和她的军队拥有你们无法对抗的力量。
>
> 那时，你们将明白神的权利与你们的权利，究竟哪一边才是正确的……

可是，这封信根本没有得到英国国王的重视，贞德等了许久仍未得到回音。

贞德最后的努力竟然遭到漠视，这使她不得不下定决心，用武力解救奥尔良和它的人民。

奥尔良的奇迹

    贞德有勇气有信心自己可以解救奥尔良，但是，部队的指挥官和各队队长却都显得很消极。同时，在行军过程中，贞德与指挥官经常意见相左。虽然，指挥官清楚地知道，为了顺利解救奥尔良，必须听从这位少女的主张。可是，每当看到贞德如此年轻，他心里的优越感就在作祟。自己身经百战，经验丰富，实在不甘心接受这样一个年轻少女的指挥。

    军队到达奥尔良城外时，贞德与指挥官又一次发生了分歧。天使告诉贞德，必须从卢瓦尔河北面进入奥尔良城，贞德便这么主张。可是，部队的指挥官不予采纳。

    指挥官和各队的队长认为，他们的任务只是把粮食送入奥尔良城内，不是正面攻击英军。如果沿北岸前进，一定会遭到英军的迎头痛击，这显然是不明智的。

    指挥官知道贞德对附近的地理环境不熟，她根本不知道奥尔良位于卢瓦尔河的北岸。所以，即使她对行军的方向有怀疑，也没有办法提出抗议。指挥官命令军队和运输队沿卢瓦尔河南岸前进，以避开英军的视线。

那一天，河面上风很强烈，自东面吹袭过来，军旗猎猎作响。

到达奥尔良城沿岸的一处小港湾时，奥尔良守备军的杜诺瓦伯爵已经在那儿迎接贞德了。

贞德向他提出抗议："我们的军队到底在干什么？不去进攻英军，如此躲躲闪闪！我的任务就只是把粮食运到奥尔良城内吗？"

杜诺瓦伯爵对贞德很和善，他理解贞德想要解救奥尔良的心情。但是，他也完全明白指挥官的想法，所以只能安慰贞德道："不是这样的，贞德！因为你的到来，奥尔良军民的士气提高了不知道多少倍，这就是你的功劳！指挥官不想与英军遭遇有他的考虑。你想想看，如果援军一开始就被敌军击败，那你们不但不能解救奥尔良，甚至连粮食都无法顺利送进去。这对奥尔良和法兰西来说，是更大的损失。你明白吗？"

听了这些话，贞德冷静下来，她承认杜诺瓦伯爵说得有道理。但她心里还是觉得委屈，她渴望与英军正面交锋，真正地打败英军，这才是解救奥尔良和法兰西的根本途径。

短暂的接触之后，杜诺瓦伯爵认识到贞德是个个性率直、头脑聪明又富有人情味的女孩。他很喜欢贞德的为人。贞德说的很多话都非常有道理，提出的意见也都很切合实际。但是很明显，贞德的脾气比较急躁，有时过于执拗，令人难以应对。

　　杜诺瓦伯爵作为奥尔良守备队的队长，必须和援军的指挥官互相配合。在这种情况下，绝不能让贞德如脱缰野马般做事全凭自己的判断。他觉得自己必须让贞德了解，就像她有她的任务一样，别人也有自己的任务。大家要相互配合，必要的时候个人的意志必须服从大局。

　　见军队迟迟不渡河，无法将粮食送到奥尔良城内，贞德有些焦急，她问杜诺瓦伯爵："我们为什么一直等在这儿，按兵不动呢？"

　　杜诺瓦伯爵说："这里是卢瓦尔河南岸，距离奥尔良仅有500米，英军的守备相对比较松懈。我们打算由此渡河，从东面的城门把粮食运入奥尔良城。不过，现在的风向不对，吹的是东风。我们如果此时渡河，船只一定会被吹到英军那边！"

　　杜诺瓦伯爵说得不错，这天吹的正是强烈的东风，现在已经到晚上了，可是风向还没有改变的迹象。军队渡河的方式，是在船上张帆，顺风斜飘过去。如果遇到逆风，不但不能到达目的地，还极有可能进入敌军的阵营。

　　贞德忧心如焚，杜诺瓦伯爵也非常焦虑。

　　这时，只见贞德跪在地上，开始了她的祷告。她希望神能帮助他们。

　　祷告了很久，贞德终于站了起来，她对杜诺瓦伯爵说："让士兵们把船放进河中吧！风向就要改变了！"

　　杜诺瓦伯爵很诧异："她难道真是神的女儿吗？神听了

她的祷告，就会把风向转变吗？"

两分钟后，发生了令人难以置信的事情。强烈的东风突然停止，接着，吹起了风向相反的西风，最适合渡河。

这真是奇迹！

士兵们大感惊讶，他们以敬畏的目光注视着贞德。

这时，贞德正站在斜坡高处，遥望着奥尔良。

这位穿银色盔甲的少女，真是神的女儿吗？

他们的船正对着奥尔良东面的城门，借着西风轻盈地一直滑行，终于无声无息地渡过了卢瓦尔河。到达对岸后，士兵们迅速把粮食和家畜卸下。在英军尚未发现之前，自动组成队伍，背向着奥尔良城，很快消失得无影无踪了。

看到这种情形，贞德非常吃惊，连忙询问杜诺瓦伯爵："发生了什么事？士兵们为什么不进奥尔良城？他们要去哪里？"

"他们要回布卢瓦营地。"

"你说什么？！为什么会这样！发生了什么事？"

"没什么！他们只是依王子的命令行事而已！因为他们这次的任务只是负责运送粮食。"

贞德整个人愣住了，她觉得自己受到了欺骗！

王子给她的这些士兵，原来只是护送粮食，而不是要和敌军作战以解救奥尔良的。贞德痛心不已，自己空有满腔的救国热忱，却得不到支持。她一方面向杜诺瓦伯爵诉苦，一方面企图说服他："现在已经到了奥尔良城的东门，我们就应该趁早进入城内，掌握时机，出奇制胜。"

杜诺瓦伯爵默默不语，因为这一切都是王子的意思。王子指示："必须将一切准备妥当，让贞德平安地进入奥尔良，不能有一点闪失。"为此，他们的军队必须避免和英军起冲突，返回驻地，详细制定出送贞德进城的方案。

虽然杜诺瓦伯爵认为贞德的话颇有道理，但是那样会搅乱整个部队的行动计划。杜诺瓦伯爵想要说服贞德，身为军人，就应当服从军纪，她也不能例外。

可是，正要开口的时候，杜诺瓦伯爵的脑海里突然浮现出刚才发生在卢瓦尔河畔的那一幕。

"贞德如果不是神的女儿，绝不会发生那种奇迹。也许，我应该答应贞德的要求，让她早日进入奥尔良城。"杜诺瓦伯爵想。

最后，他终于下定决心，决定私下里派士兵第二天护送贞德入城。

当晚，他们渡过卢瓦尔河，暂时驻扎在北岸距奥尔良仅8公里的一座城市。

奥尔良获救

1429 年 4 月 29 日，星期五。

晚上 8 点左右，贞德终于进入了奥尔良城。她当时穿着银色的盔甲，拿着象征神的小巧旗帜，看起来英姿飒爽、美丽高贵。她那年轻的脸庞上始终带着淡淡的微笑，仿佛慈悲的救世者。

长期被围困，与外界隔绝的奥尔良城百姓，全部聚集在街道上，热烈地欢迎贞德的到来。汹涌的人潮一波又一波，到处都有人高呼"万岁！"人们争相目睹她的风采。

贞德那不久前还拿着牧羊棒，在牧场上驱赶羊群的手，现在正巧妙地驾驭着因人潮而有些受惊的马。这样的转变让贞德觉得如同做梦一般，同时她也感到无比的幸福。

"神的女儿终于来了！奥尔良就要获救了！"

百姓们喊叫着，流下激动的热泪，将贞德和同行的士兵们拥入城内。

4月30日，星期六。

奥尔良城共有五个城门，其中一个面临南面的卢瓦尔河。该处的卢瓦尔河约有300米宽。城门外有一座桥，可直通对岸。桥的另一端，英军建造了一座非常坚固的要塞，名叫托烈鲁。除此之外，奥尔良城周围还有1000个以上的小要塞，都是英军用来围困奥尔良的据点。

贞德走到一个要塞前面，对英军喊话："我是贞德，神派我来此地！前些日子，我派使者送信到英国国王陛下和勃艮第公爵那儿，不料你们如此没有信誉，竟然俘虏了我的使者，现在，请把他交还给我！另外，我希望你们马上解除对奥尔良城的包围，立刻撤退！奥尔良不是你们能随便夺取的地方。我们的一切行动都是遵照神的意志，是正义的！和我们敌对的话，最后只能是自取失败！以上这些，就是我最后的通告！"

不料，英国士兵不但没有相信贞德的话，还用下流的词语大声辱骂贞德。

贞德不死心，又跑到托烈鲁要塞前，把刚才的话说了一遍。英军的指挥官沙霍克就驻扎在这个要塞中，她以为她的话会对沙霍克产生一点影响。结果，沙霍克对他的士兵们说："大家不要听这个魔女的话！什么神的女儿，都是骗人的！"

贞德很气愤，却只能无奈地退回去。

到了这种地步，再想和平解决，不使人民流血牺牲已经成了痴心妄想。除了打仗，根本没有别的法子。

贞德决心等待两三天后即将到达的增援部队，并开始作攻击准备。她还利用空暇时间，到医院或学校慰问受伤及穷困受苦的人们，以坚定百姓的信心和意念。

在这段日子里，贞德仍然不断地祈求神的保佑与慈悲。

5月4日，星期三。

这天早上，王子的增援部队终于抵达了。率领这批士兵的正是杜诺瓦伯爵。

援军到达奥尔良之前，已经收到消息:英军会临阵换将，改由著名的猛将赫鲁斯达夫担任指挥官。

赫鲁斯达夫作战勇敢，少有败绩，是当时整个欧洲大陆都屈指可数的名将。法国士兵莫不闻之丧胆。

王子等人计划在这位猛将到来之前，先作牵制攻击。于是，杜诺瓦伯爵进入奥尔良城之后，先派出部分增援部队攻击一个叫做圣鲁的要塞。

当时，贞德还不知道援军已到的消息，她正在午睡。

就在她即将入睡时，突然被外面的喧闹声吵醒。百姓们呐喊着，结队从大街上走过。城市街道中心教堂里的钟声也震耳欲聋地响着。

难道是英军攻进来了吗？

贞德派人出去查看。原来是百姓们看见自己的军队终于来了，心里都兴奋异常，再加上看见援军正在攻击要塞，就更加狂热难抑。他们拿着斧头、刀刃或铁棒；也有的人拿着武器，迫不及待地想展开行动。

他们没有指挥官，也知道自己的力量有限，与大局可能并没有什么影响。可是，他们实在太兴奋、太狂热了，忍不住要为祖国尽一份心力。

贞德这才知道援军在杜诺瓦伯爵的率领下已经进城，并且正在攻打圣鲁要塞。她急忙穿上盔甲，拿过小旗，跨上马背，向城门跑去。

要塞离城门只有一公里。贞德赶到时，第一次攻击已宣告失败，百姓和士兵们乱哄哄地往后撤退。

贞德在白马上挥动着手中的小旗，她激动地喊："转回头，不要跑！现在是最好的攻击机会，跟我来！"

她驱策坐骑，一直冲向要塞前。百姓和士兵们受到鼓舞，士气又重新高昂起来。他们转过身，跟随着贞德，再次攻上要塞。

不久，要塞被彻底摧毁。奥尔良的百姓和士兵们凯旋回城。

为了庆贺这首度的来之不易的胜利，城内教堂里的钟纷纷响了起来。

攻击要塞时，双方短兵相接，厮杀得惨不忍睹！当时的习俗是捉到敌军的骑士，可以获得奖金，所以，骑士们大都被俘虏。至于佣兵和步兵，则都被杀死。

贞德看到尸横遍野的景象，不禁流下了眼泪，为自己的士兵，也为敌方那些本没有罪的无辜的人。

这就是战争！贞德第一次正面面对的战争。

5 月 5 日，星期四。

这天是升天祭，按照当时的规定，祭日是不准打仗的。所以，贞德命令部下停战，自己也脱下了笨重的盔甲。她写了一封信给英军，要求归还俘虏。可是，英军没有答应，并且又用极其恶毒的语言辱骂贞德。

这天，奥尔良城里有一个作战会议。指挥官对贞德仍然有成见，所以并未邀请她参加。

这使杜诺瓦伯爵非常难过。他已经了解了贞德的为人处世，并极为欣赏她。所以，他认为贞德应该参与会议，这能使她充分了解战况，进而对战局产生至关重要的影响。

于是，他毅然提议邀请贞德前来参加会议。可是马上遭到许多人的反对，他们认为贞德的一切没有人了解，她到现在还是个身份不明的少女，怎么能让她参与军事机密呢？

杜诺瓦伯爵非常生气，他大声为贞德辩白，最后终于说服了他们。可是，指挥官仍然不肯将计划全部告诉贞德。贞德为受到这样的欺瞒感到委屈和愤怒，她说："你们既然存心隐瞒，那么，我也不必把我的计划告诉各位。我有自己的想法，并且比各位的计划更可行。"

5月6日，星期五。

这天一大早，贞德就命令侍童到街上吹喇叭，她自己则穿好盔甲，骑在白马上等待。

在喇叭声的催促下，百姓们一个个集合起来。他们经过圣鲁要塞一战的胜利后，已经是信心百倍了，他们坚定地相信贞德可以带领他们拯救奥尔良。

贞德对他们说："现在，我们将要有一场艰苦的作战，想要保家卫国，解救奥尔良的人请跟我来。"

于是，这支以贞德为先锋的小部队，向城门出发了。可是，城门紧闭。守门人没有权力随便打开城门。一切必须按照规定办理，所以，他们立即去请示军队的最高指挥官。

指挥官率领部下赶来后，贞德仍然不肯让步。百姓们也都十分激动，他们与指挥官的部下差点发生冲突。城门附近陷入一片混乱。最后，百姓们不服从指挥官的命令，一拥而上，破坏大锁，拔掉门闩，打开了城门。他们在贞德的率领下，蜂拥而出，向卢瓦尔河前进。

贞德的计划是先攻击卢瓦尔河上游的圣约翰要塞，接着再进攻已经被英国军队改造成要塞的奥格斯丁堡塔。

渡过卢瓦尔河不是件简单的事，不过，这些发了疯似的民众，早已不把那汹涌的激流放在眼里。

英军看到这种情景，张口结舌，几乎说不出话来。这些民众不只人数众多，而且都不是正规军。他们不懂作战方法，不具备作战知识，因此，他们要采取什么样的攻击方法，也难以预料。这是令英军措手不及的原因之一。

另外，率领这些盲目群众的是一位年仅 17 岁的乡下女孩。这更加令英军觉得，自己面对的是一群疯子。

在这种情况下，英国军队不得已，只好放弃圣约翰要塞，退到奥格斯丁堡塔。与此同时，奥尔良的驻军也随后赶来，和贞德所率领的民众合在一起，成为一支队伍。

有趣的是，指挥官看到情势对自己有利，不但没有批评贞德私自攻打要塞，反而听从贞德的指挥了。

奥尔良军就这样以千钧之势，大举攻向奥格斯丁堡塔。

驻守在此的英军顽强抵抗，好几次将几乎突击而入的奥尔良军击退。所以直到傍晚，双方还分不出胜负。

指挥官开始劝贞德撤退。可是，贞德执拗地站在要塞的城墙下方，一步也不肯退。她把身体暴露在危险地带，坚决地回答："不行！不能撤退！"

她的声音已经沙哑，全身被汗水浸透，可是斗志仍然非常高昂。

指挥官也坚持自己的看法，他继续对贞德说："今天的进攻已经失败了，不能再这样继续下去！我们必须渡河回城！士兵们已经疲劳不堪，再打下去只会有更大的伤亡。我们流的血不能没有一点意义！"

这时，也有人愤愤地对贞德说："你不是神的女儿吗？你已经挺身而出了，神为什么还不保佑你，为你显现奇迹呢？"

贞德看见大家都已尽了最大的努力，而且有不少人已经负伤，不得已只好改变初衷。

就在大家向后撤退的时候，神终于显灵了！

英军以为奥尔良守备军即将撤退，便松懈下来，纷纷跑到要塞外庆祝胜利。

奥尔良军指挥官见状，马上抓住时机，命令骑士们回头发动攻击。

训练有素的骑士们马上调转马头，在要塞外和敌人展开一场血战。不久，奥格斯丁堡塔被收复了。

战斗结束后，贞德向随侍她的两名侍童说："明天，我可能会受伤。"

5 月 7 日，星期六。

这天，贞德决定要夺回托烈鲁要塞及附近的其他地方。

黎明时分，托烈鲁要塞收复战就打响了！贞德挥舞着军旗奋勇当先。军旗上的百合花和神的标志在风中飘扬着，带领着士兵们冲锋。

贞德下令发射大炮,想借助强大的火力一口气冲上要塞。可是，敌人的守卫非常顽强，加上英军的赫鲁斯达夫司令官率领了5000名士兵在此支援，所以攻击更加困难。奥尔良军的损伤越来越大。

直到下午，奥尔良军才逼近要塞下方的护城沟，之后就很难再有进展。

贞德心里很焦急，她跳进护城沟，把云梯靠在城墙上，开始往上攀爬。这时正是下午四点左右。

守在城墙上方的英军，继续放射箭矢，其中一支射中了贞德，深深地刺入贞德的左肩。

英军使用的这种箭叫做旋转箭，箭矢很薄，在空气中的阻力小，射程很远。射出后，在空中一面旋转，一面前进，一旦刺入人身，会造成非常深的伤口。

贞德中箭后,跌入护城沟中。英国士兵想趁机将她俘虏，幸好一位奥尔良军的骑士抢先一步跳入沟里把她救起，放在马背上护送到安全地带。

这位骑士在圣鲁要塞战斗之前，常常心不甘、情不愿地发牢骚说:"哼! 要我听那个少女的命令，我情愿被降级!"

现在，他看到了贞德的勇敢和坚定，看到了她为拯救法兰西所作出的努力。骑士很惭愧，他把贞德安置在舒适的草地上，满怀歉意地向她表示悔过之意。

贞德流了很多血，虚弱却宽容地说:"你不用愧疚! 我不怪你。你救了我，你是一位了不起的骑士!"

　　其他人也都赶来查看贞德的伤。按照当时的习俗，士兵在战场上受了伤，要请神父来祷告。可是贞德坚持不接受。她认为这是违背神的意旨："我宁愿死，也不愿意接受！"

　　大家没有办法，只好硬生生把箭拔出来。贞德痛得浑身颤抖，额上的冷汗一滴一滴顺着年轻的脸颊淌下来。但是，她还是很勇敢地说："把油倒进伤口里吧。"

　　那时的医疗条件很差，没有什么使伤口愈合的好方法。人们通常就是把油脂倒入伤口中，借助脂肪的黏稠度把伤口黏合起来。

　　太阳已经西斜了，贞德虽然负伤躺在地上，心里却还是惦念着战事。她决心一定要在日落之前，攻陷托烈鲁要塞。

　　到了下午六点，贞德缠着绷带又回到了战场。这时天色尚未完全昏暗，士兵们从凌晨开始攻打要塞，此时已经精疲力竭。贞德下令让士兵们用晚餐。她则独自一人跪在葡萄园中向神祷告。

　　这时，贞德的军旗由一名叫鲁帕斯克的士兵掌管着。随从贞德的一位骑士看到要塞久攻不下，己方人员损失很大，士气也有点低迷。他灵机一动："那面军旗如果到达城墙下方，我军可能会认为贞德已经冲到那儿了，这样就会重新振作起来。"

　　于是，他命令鲁帕斯克说："你跟我来。"

　　骑士带着鲁帕斯克来到护城沟旁边，把自己的想法告诉了他，然后跃入护城沟中，等鲁帕斯克跳下来。不料，鲁帕斯克一看护城沟很深，对面又是英军，忽然十分胆怯，不肯跳下去，反而在旁边迟疑不前。

这幅情景正好被刚刚祈祷完毕的贞德看见，她以为军旗被人擅自取走，非常吃惊，大喊道："军旗被偷了！"

贞德不顾左肩上的伤，飞快地跑出葡萄园，奔向军旗。已经在护城沟中的骑士明白鲁帕斯克的迟疑让贞德产生了误会，他很焦急，大骂鲁帕斯克："你在怕什么？快跳下来！"

鲁帕斯克只好闭着眼跳入沟里。两人跑到城墙下的时候，贞德也从后面追了上来。

奥尔良军没有留意贞德之前说的话，一看军旗已经到了城墙下，果真以为是攻击命令下达，纷纷丢弃手中的面包和奶酪，拿起武器，一齐冲向城墙。

攻击来得太过突然，英军完全没有防备，一个一个转眼间被凶猛的奥尔良军杀死。不一会儿后，英军的死亡人数就高达四五百人。

这个要塞的守备队长名叫格拉斯雷特，他曾经骂贞德是"娼妓""魔女"，贞德劝他投降，被他拒绝了。

格拉斯雷特和二十余名部下死守要塞，最后投卢瓦尔河自尽。

托烈鲁要塞终于被法军收复！这样，奥尔良与法国南部的联络线就被打通了。

贞德强忍着伤口的疼痛，骑着白马走过卢瓦尔河上的桥，回到城里。奥尔良群众疯狂地欢迎贞德——这位带给他们胜利的果敢的女孩。

这一夜，奥尔良城通宵达旦地庆祝胜利。可是伤口的疼痛加上一天的战斗，贞德实在太疲倦了，她向神祷告感谢之后，很快就睡着了。

5月8日，星期日。

这天虽然是安息日，但奥尔良军一点也不敢松懈。他们把武器放在随手可及的地方，随时待命，以防英国军队反击。果然，上午时分，城墙上的哨兵看见编成战斗队形的英国士兵快速地向奥尔良城方向推进。

士兵把这个消息报告给贞德的时候，她正准备做安息日的祷告。"既然英国军队也来了，就也为他们祷告一下吧。"贞德想。

贞德把所有士兵召集到城门附近，在英国军队的眼前做了一个祭坛。然后，奥尔良军在英军的注视下做起神圣的弥撒，由贞德带领着祷告，全心全意聆听神的声音。

这实在是一个有趣且有点诡异的场景，两军交战，未见刀枪，双方的兵士面对面站着，一边在做弥撒，另一边则茫然地看着。这种情景大约持续了一个小时。

做完弥撒之后，贞德又开始为英军的将士们祷告。

英军将士起初觉得很惊讶，当看到贞德为他们祷告时甚至觉得好笑。可是后来他们想到贞德到来后，奥尔良屡屡发生的奇迹，就越来越害怕，最后决定放弃攻击，向北方撤退。他们离去后，阵营中残留了不少伤兵和粮食。

奥尔良军想要乘胜追击，把英军赶出法国。可是，贞德阻止了他们，她说:"今天是礼拜天,也是安息日,不要打仗! "

被英军包围了200多天的奥尔良，终于完全被解救了!

贞德许下的诺言总算实现了! 她终于完成了神给她的告示!

兰斯的加冕式

洛西宫廷里的分歧

奥尔良虽然被解救了，可是，贞德还没有完全完成神赋予她的使命。她还有一项很重要的任务，那就是促请王子到兰斯举行加冕。因此，贞德离开奥尔良城后，立即赶往王子那里。

当时，王子已将宫廷迁到卢瓦尔河畔的洛西城堡。这座城堡年代久远，是法兰西历代国王的行宫和游乐之地。现在，王子带着他心爱的王妃住在这里，朝廷的高官要员也都随着迁入。

贞德到达洛西宫廷时，受到了王子的热烈欢迎。王子不断地夸赞她的功绩，称她为"奥尔良的勇者"。但是贞德表现得很冷淡。她对那些赞美和歌颂就好像没有听见一样，她只淡淡地说了一句："请王子立即前往兰斯，在那里举行加冕吧。"

贞德之所以对王子的夸赞如此冷淡，因素很多。当然，最主要的一点是王子的表现实在太懦弱了。奥尔良被解救之前自不必说，就算在奥尔良获救之后，王子做起事来仍旧胆怯、不积极，他的信心增强得太有限了。同时，王子厌恶战争，不管是非正义的还是正义的，也不管是开疆破土还是保家卫国，他不喜欢冒着生命危险做一些在他看来根本没有好处的事情，也不喜欢使用武力去达成任何目的。他希望用政治的力量来统治国家。

贞德虽然解救了奥尔良，宫廷中还是有很大一部分人士对她持原来的否定态度，他们因为各自的既得利益想要破坏贞德的"加冕计划"。这是目前贞德面对的最大的障碍。

宫廷人士使用的方法，就是不断地召开永远没有结果的会议。他们在会议中批评这种行为，否定那种态度，永远没有结论。

另一方面，军队中也产生了分歧。指挥官们的态度互不一致，有的主张先收复诺曼底，有的主张先前往兰斯，让王子加冕登基。前者认为，诺曼底靠近英国，是英军在法国的行动基地。夺回诺曼底，必可断绝英军的补给，有助于巴黎的光复。当然这的确有一定的道理。可是在这一派的内部，人们为了个人的利害，细节方面意见不一。所以，两派的观点根本无法取得协调。

贞德只能在一旁干着急。

可能为了缓和贞德焦虑的情绪，也可能为了让贞德适应宫中的生活，宫廷里的人开始派许多工作给贞德，也送给她种种礼物。

1429 年夏天，奥尔良公爵为感谢贞德为奥尔良民众做出的一切，送给她很多华丽的衣裳。贞德并不喜欢穿着奢侈而豪华的衣裳，不过这是宫廷的习惯，她不能随意加以破坏。

查理王子也送了许多执事、侍童和礼物给贞德，并正式封她的兄弟为骑士。

贞德完全摆脱了以前的生活，在她身上几乎已经看不到农家女孩的影子。她手里拿的不再是牧羊棒，而是寒光凛凛的宝剑；她脚下踩的不再是田园的烂泥巴，而是豪华的地毯；她身上穿的不再是那些寒酸的衣服，取而代之的是价值30枚金币的华贵衣裳。

可是，贞德讨厌这种奢侈的生活，她看不惯宫廷妇女的奢靡浪费。她喜欢和普通百姓相处，即使是病人、穷困的人或者不懂事的小孩子，她也会亲切地问候他们。每当贞德走出宫廷时，人们便争先恐后地拥到贞德周围，想触碰她，想分享"神的女儿"的灵光。

那时，街上流传一种说法，只要谁把身上的徽章或念珠让贞德触摸一下，他就再不会有不幸和疾病。

这个传言很快流传到上流社会，那些生活奢靡的贵妇人也希望贞德触摸一下她们佩戴的金属饰物，好让她们从此远离疾病和不幸。

有一次，一位贵妇人和贞德在洛西宫廷的后花园相遇，她请求贞德触摸她的金饰。贞德拒绝了。可是，与百姓在一起时，贞德很少拒绝他们的任何要求，她觉得被民众如此需要是一种无法形容的幸福。

王子的决定和宫中的会议实在太慢了。贞德终于下定决心求见王子。

当时，王子正在和高级官员及随从们举行千篇一律、永无结论的会议。贞德立即走上前对王子说："王子殿下，请不要再犹豫了，马上到兰斯举行加冕吧！"

王子旁边的一位祭司问她："这也是神的告示吗？"

贞德回答："是的！是神的告示！神对我说'去吧！神的女儿！'"

之后，贞德很详细地说明了必须趁早进击兰斯的理由。官员们问了她很多问题，最后，他们不得不承认贞德的话很有道理。经过一番讨论，王子和在场的人士决定先攻击奥尔良附近的敌军，为进击兰斯扫清障碍。

1429年6月，贞德再度披上铠甲，骑上白马，准备收复奥尔良周围的地区。她在奥尔良的战绩已传遍各地，许多士兵自发地加入贞德的队伍，还有很多人带着武器赶来。这一次，组成了共有约1200人的部队。贞德把马首向着东北，浩浩荡荡地向前进发。

在奥尔良被击退的英军，已经放弃重占奥尔良，不过他们正驻扎在奥尔良周围的三个地方，我们姑且称其为A城、B城和C城吧。率领这些军队的是沙霍克、赫鲁斯达夫、塔鲁伯特三位将军。

为了使王子能顺利地到兰斯举行加冕，必须先将这三个城市的英军击退才行。

贞德率领她的队伍非常勇敢地出发了。

到 A 城附近时，其他指挥官开始畏畏缩缩，对这场战斗不抱乐观态度了，因为他们看到英军的守备十分坚固，而他们自己的军队数目却又太少了。

贞德对他们的态度感到愤怒。她身先士卒，紧策白马，向城墙奔驰。

到达城墙下之后，贞德立刻架起云梯，往上攀爬。

敌人也开始了他们的反击，无数的石头从城墙上被丢下来。有一块石头刚好落在贞德的头上，幸好她戴了钢盔，所以只是从云梯上摔了下来，并没有受伤。

贞德毫不气馁，迅速站起来，再度爬上云梯。士兵们深受感动，个个精神振奋，抓紧手上的武器，随着贞德拥入城堡。

于是，A 城被攻下了，敌将沙霍克被俘。

6 月 12 日，贞德一行人凯旋回到奥尔良，再次受到热烈的欢迎。14 日，他们又向附近的 B 城出发。

B 城的英军知道 A 城已被攻破的消息，吓破了胆，弃城而逃，撤到了 C 城。

贞德主张乘胜追击，指挥官却不同意。不久，法军接到英军的讲和信函。贞德还是坚持彻底肃清敌人，但是，指挥官亚兰逊公爵却说："可以讲和的话，我们为什么还要打仗呢？那只是浪费将士们的鲜血和生命。何况王子殿下渴望的是讲和，不是战争。"

如此一来，贞德只好沉默了。接着，两军开始休战、议和。其实，这只是英军的一项缓兵之计。

当时，约有 1500 名的英国士兵正在法斯托夫将军的率领下，自诺曼底南下，急速前往 C 城增援。英军正是利用停战议和的时间在等待这批援军。

如果法军能听从贞德的主张，追击英军，并彻底加以击溃，王子前往兰斯的道路，也许会顺利很多。而贞德本人的命运，也可能会有很大改变。但历史终究没有"如果"。贞德当时因为一些原因根本无法坚持自己的主张。

6 月 17 日，里修蒙元帅率领约 1300 名士兵到达贞德的阵营。

里修蒙元帅本来是亲英的勃艮第派人物。王妃的母亲有感于自己的领地经常受到勃艮第派人的欺凌，因此，萌发了拉拢勃艮第公爵和勃艮第派的念头。

她的第一个步骤就是将与勃艮第派不和的阿尔玛纳克派人物由宫廷中放逐，而将与两派都有关系的人物拉拢到自己的阵营中。然而，不仅是阿尔玛纳克派的人，就是王子本人，也不喜欢里修蒙元帅。于是，王子趁机将他派到了前线。

里修蒙元帅来到贞德的阵营时，王子已经下令不准再进军。可是里修蒙元帅不听。他说："我是为王子和法国的命运而来的。只有向英军进攻，才是体现我来到这里的价值！"

这时，军队里的指挥官和里修蒙元帅也不太和睦，亚兰逊公爵竟然宣称："如果要和里修蒙元帅并肩作战，我宁可放弃。"

如此一来，法军更不可能出征了。在这最关键的时刻，军队的首脑们竟然为了意气之争，眼睁睁看着英军日益壮大，实在很没有大局观念。

贞德拼命说服亚兰逊公爵放弃个人成见，却不见成效。幸好这时有人来传来消息说，英军已经等到了援军，很快就会违反停战协定，再度与法军开战。亚兰逊公爵和里修蒙元帅才勉强作出让步，暂时摒弃前嫌。

贞德在此地浪费了很多宝贵的时间。不过，她还是打起精神，协调指挥官与里修蒙元帅之间的矛盾，说服他们继续进军。

未来，还有一场更激烈的战争在等待着她。

向兰斯进军

攻陷 C 城后，里修蒙元帅和贞德率领的王子军一起驻扎在城外的小山上。

不久，在 A 城吃过败仗的赫鲁斯达夫和塔鲁伯特司令官率领军队向他们逼近。

英军并不准备攻城，而是在城外丘陵上打下木桩，木桩后面部署了弓箭部队，这便制造了一个要塞。法军如果进攻，他们的骑兵队伍很难越过木桩，还会造成不小的人员损失。

贞德似乎猜到了敌人的用意，所以她并没有发出攻击的命令，而是静静地凝视着敌人的动态，耐心地等待时机。

果然，英军先沉不住气了，法军一直不发动进攻，他们却处于暴露在丘陵上的不利情势。贞德看出英军就快退却了，于是命令士兵们全部佩上靴刺，以便随时全力追击。

靴刺是什么东西呢？它是中世纪骑兵战斗时的必备用品。在马靴后跟处安装一个东西，形状有些像齿轮，不过边缘是尖的，用支架固定在马靴后跟处，与地面垂直。它的主要作用是冲锋时用脚后跟踢马腹，使马感到刺痛而全速前冲。因为靴刺并不十分尖利，一般来说不会对马造成伤害。

贞德所料不差，黎明时分，英军已经开始准备撤退了。王子军展开追击。先锋部队眼看就快追上英军了。

塔鲁伯特司令官征战多年，谋略过人，是鼎鼎有名的将军。这次命令英军撤退也是用了一个诱敌深入的计策而已。英军的撤退路线是事先研究好的，要经过一个山谷，山谷附近有一片茂密的森林。他将大炮和粮车藏在森林密处，并派500名强力弓箭手，埋伏在通向山谷的山路两旁的草丛中，准备伏击贞德的军队。如果他们的计划顺利，王子军一定会在此遭到雨点般的弓箭射击，然后坠入山谷，全军覆没。

可是，神似乎在帮助贞德。王子军追击的速度相当快，比英军预计的时间提前到达山谷。

那时，英军以为王子军还没有到达，精神有些懈怠。刚好有只鹿从森林中跑出来，被英军的一位弓箭手射中，周围扬起一片欢呼之声。王子军的先锋部队发现这种情况后，马上回头通知部队：森林里有埋伏。

王子军的骑兵改变路线，从两侧包抄，快速地冲入森林。英国主力军措手不及，四散逃命。埋伏在山路两旁的英军，一看时机已失，也都各自逃命去了。

这场战争中，王子军大获全胜。英军方面战死2000余人，被俘虏1000余人，司令官塔鲁伯特也被生擒。

英国与勃艮第派的联军受到如此沉重的打击，可能短时间内无法恢复战斗力。对贞德来说，通向兰斯的路途终于变得宽阔平坦了。

贞德又开始积极地游说王子赶快到兰斯举行加冕典礼。可是，王子和宫廷人士还在犹豫不决。因为到兰斯还有约400公里遥远的路程，中间又都是勃艮第派的势力范围。

为什么贞德如此热衷于查理王子的加冕仪式呢？

那个时代，法兰西的历代国王，都要在兰斯大教堂

兰斯大教堂

加冕。

加冕典礼的第一步就是把国王从普通百姓当中划分出来，表示他是被神承认的神圣而特别的人物。被神承认了之后，才能被确认为一国之王，而后戴上冠冕。

对于国王与神之间的关系，贞德的想法和宫廷人士稍有不同。

贞德相信，即使国王受到了神的承认，也仍然是神的从者，是神的代理人，必须代神传达神的意志。既然神所希望的是全人类的幸福，那么，国王就有义务使人民获得幸福。因此国王必须向神作出这项承诺，并一生遵守。

宫廷人士们却不这样认为。他们觉得国王从神那里获得了一项特别的权利，那就是国王可以和神并列，两者同样伟大。因此，国王的命令就是神的意志，国王可以要求人民绝对服从。

贞德和宫廷人士这种观念上的差别，又使贞德浪费了不少时间。所幸，他们的目的是一样的，就是让查理王子到兰斯举行加冕仪式，正式成为法兰西国王查理七世。唯有这样，才能使英国国王处于劣势，使他对法国的统治无法名正言顺。

一直以来，英国国王不断地向外炫耀他身兼英、法两国的国王。不过，他未曾到兰斯加冕，所以无法得到法国人民的拥护。所以，查理王子必须抢先在英国国王之前，到兰斯加冕。

基于此，查理王子决心进军兰斯，他亲率 1 万余名士兵，于 1429 年 6 月 29 日，从洛西宫廷出发，第一个目的地是欧塞尔。当然，贞德也在军中。

到欧塞尔的路程，可以说是非常安全的。因为，英军严重受挫必须重新整备，勃艮第公爵也正在观望王子和英军的情形，暂时还不会采取行动。

不过，欧塞尔是勃艮第派的地盘，城外有坚固的城墙，如果领主和驻守在这里的军队顽抗的话，可能得费些时间才能攻下。

7 月 1 日，大军抵达欧塞尔。

起初，城里的士兵不愿打开城门。不过，他们毕竟不敢对王子无礼。一位地方官称，城里的要员正在开会，商议如何迎接王子和他的军队。

这样，王子和宫廷人士放下心来，对地方官表示谅解他们所处的立场，绝不攻击或侵扰他们。

结果，欧塞尔城不但向王子军表示友善，并且提供了大量的粮食和金币。

欧塞尔再过去就是特鲁瓦，那是一个非常危险的地方。数年前，英王亨利五世逼迫法国在那儿缔结条约。后来，亨利五世娶法兰西公主为妻，他成了法兰西王位的合法继承人。那里也有勃艮第派的军队驻扎守卫。

贞德和王子首先写信到特鲁瓦，劝导他们开城投降。可是，城中的士兵和居民不加理会，似乎要守在城里，观望情况，再作打算。

其实，城里的居民对王子军并没有什么反感，他们只是担心向王子军表示友好后，会受到勃艮第派守备队的报复。

到达特鲁瓦城外时，王子军自身也出现了一些问题。他们的粮食即将告罄！要再获得维持一万士兵的口粮，是一件非常困难的事情。因此，他们驻扎在城外的几天都在开会商讨。

王子军内部持两种观点，一方认为应该攻击特鲁瓦，另一方则认为应该绕过特鲁瓦，直接赶到兰斯。

贞德主张攻击，她请求王子给她三天时间，一定可以攻下特鲁瓦。

得到允许后，贞德立即展开行动，指挥士兵准备攻城用的云梯、圆木等，大炮也在城外一一安装妥当。

看到这种情况，特鲁瓦的士兵和居民有些害怕了。他们早就听说过贞德的战绩，也知道她是受神保佑的女孩。最后，他们终于下定决心，打开城门，迎王子军进城，并由城里的祭司代表该城，将城门钥匙献给王子。

王子也基于仁慈，特地颁布了一项宽恕特鲁瓦城的宣告。特鲁瓦的居民为了表示感谢，又献出许多金钱和粮食。

他们经过的最后一座城市是沙隆。沙隆军民态度极其友善，主动相迎，未动干戈。城里的祭司也走上前来为王子祈福。

来到这里感觉最快乐的，莫过于贞德了。因为，贞德的父母和那位曾经帮助过她的拉克扎舅舅都赶到这儿来看她。

贞德兴奋地投入母亲怀里，紧紧地拥抱着母亲，她流下了激动而喜悦的眼泪。

在母亲面前，贞德只是一位极普通的少女。往日那位穿着银色甲胄，骑着白马，驰骋战场的贞德似乎不见了。现在的贞德又是那个手执牧羊棒，与同伴们尽情嬉戏的牧羊女了。

她离开杜列米村并没有多久，可是发生了那么多事，她从一个平凡的乡村少女，摇身一变，成了王子的贴身战士。这段日子真的就像做梦一般。

查理王子的加冕大典

1429 年 7 月 16 日，星期六。

查理王子进入兰斯城。兰斯的民众热烈地迎接他们，兴奋地高呼"国王万岁！"显然，在他们心中，查理王子已经是他们的国王了。

加冕仪式定在第二天举行。

法国历代国王的加冕式都在兰斯的大教堂举行，这是法兰西王国的创建者和第一任国王克洛维一世传下来的习俗。

加冕仪式中必须使用克洛维一世加冕时用过的圣油壶，以及查理曼大帝加冕时所用的王冠。很可惜这些宝物当时都保存在巴黎。而巴黎还在勃艮第派和英国军队的控制中。所以，这次加冕所需要的物品，只能从兰斯大圣堂的宝物库中选择一些差不多的来代替。

无论如何，查理王子的加冕仪式非常顺利而隆重地开始了。

这一天，兰斯全市都挂满国旗，到处都布有饰满鲜花的白布。庄严的钟声响彻整座城市的上空。装饰得非常庄严的大圣堂挤满了观礼者。

查理王子入场了，随侍在他身旁的正是贞德。她穿了一件白绢长袍，袍子上绣满了百合花。她的手中依旧拿着那面和她在战场上同甘共苦的小巧旗帜。她看起来那样的清纯、圣洁、美丽！

在场的人感动于她为查理王子和法兰西做出的一切，不由得流下泪来。

圣堂外面的不远处传来赞美诗的声音，那是护卫圣油壶的队伍唱出来的。这支护卫队由王子军的指挥官和骑士组成。他们都穿着甲胄，手上拿着军旗和旗帜，显得庄严而肃穆。离大圣堂越来越近了，今天他们被获准有骑马进入大圣堂的特权。

圣油壶被放在祭坛上。接着，皇冠和王杖也入场了。

兰斯的大主教牵着查理王子的手，让他站在群众面前。这情形和当年克洛维一世加冕时一模一样。

大主教用很严肃的声音问在场的群众："各位愿意接受他为王吗？"

群众情绪高涨，声音里溢满了喜悦："我们愿意！我们愿意！"

查理王子把右手放在《圣经》上，开始了他的宣誓："奉耶稣基督之名……"他发誓遵照公正与法律恪尽职守保护教会和他的子民，惩罚坏人，伸张正义，做一位慈悲的国王。

　　接着，王子军的最高指挥官亚兰逊公爵走过去，准备举行赐给武器的仪式。他用自己的剑身，轻敲王子的肩膀。与此同时，大主教把一把出鞘的剑交给王子。王子捧着剑，吻了一下，然后以奉献给神的姿势，放在祭坛上。

　　紧接着，伟大的时刻来临了！涂圣油和戴冠冕的仪式即将开始，群众都屏息以待。

　　大主教从圣油壶中蘸了圣油涂抹在王子的双肩、前胸、后背和双手上。此时，亚兰逊公爵走上前来，为王子披上了王室的礼袍，并将其他象征王权的礼器——权杖、徽戒和公正之手都交到王子手中。随后，王子跪在教堂的主祭坛前，大主教又把圣油涂在了王子的头上。然后，6位世俗贵族代表和6位教会代表一起将国王的冠冕高高举起，放在查理王

查理七世加冕仪式

子的头顶。

这一刻，懦弱胆怯的王子就成为法国国王查理七世了！

观礼的人群中爆发出一片热烈的欢呼声。查理七世披着白色的貂皮大衣，手上拿着王杖，被引到金色的御座前。所有的教会代表向国王宣誓效忠。

这时，最激动的人莫过于贞德了，她跪在御前一直流泪，神交给她的任务总算都完成了。

为了这项代表着法国统一的加冕式，贞德和许多法国人民付出了无数的汗水和鲜血。

加冕仪式结束后不久，查理七世封贞德为贵族，并特准她和皇室一样，自由使用百合标志的徽章。

贞德只是一个平凡的乡下女孩，能获得如此崇高的荣誉，这在法国历史上真可说是前无古人。但是这些并不是贞德想要的，除了武器和马匹，她没有向国王要求任何东西。

成为贵族之后的贞德，理所当然地拥有了许多财富，包括很多战马和普通的马，以及12000力布（古时法国货币单位）。这些在当时是一笔很大的财产。以前从来没有人受到过像她这样的优遇。可是，贞德自身对荣誉和地位并不关心，对庞大的财富也毫无兴趣。她把钱财都交由兄弟们处理，自己完全不过问。

查理七世将贞德的两位兄弟也封为贵族，还特别赐给她的双亲24力布，作为住在兰斯的费用。他们回杜列米时，国王还另外送给他们一匹马。

父亲达克这时已经完全原谅贞德了。他也开始后悔曾经对贞德的误解。他终于认为，贞德所做的一切都是神赋予的使命，是非常光荣的。在兰斯的那段日子，他成了众人崇敬的人物。

　　对于家乡的人来说，贞德也是他们最大的荣誉。

　　可是，在查理七世的宫廷里，贞德与宫廷人士的矛盾依然存在，甚至更加激化了。

　　首先，贞德并非成长于宫中，对宫中的规矩所知不多。她只是凭着一股热诚，不时给国王一些建议。有时难免会冒犯了宫中的规矩。

　　其次，宫廷人士无论任何事情，都想以政治手腕加以解决。贞德那种开明的态度和做法，令他们觉得很不安。

　　最后，贞德不过是一个平凡普通的乡下女孩，国王却赐给她无上的荣誉和高过任何人的地位，这使许多人深觉不满。

　　另外，贞德无论在任何场合，都一再强调自己是"神的女儿"，尽管解救奥尔良以来的许多事迹和功勋，都足以证明这一点，但这还是让宫廷人士们皱眉。

　　他们一直苦于找不到击破这个说法的理由。如果有任何可对贞德构成不利的事出现，以他们对贞德的怨恨程度，是绝对不会放过的。

和谈背后的阴谋

查理七世在举行加冕仪式之前，贞德曾给与英国军队勾结的勃艮第公爵写过一封信，信的内容是：

> 查理王子即将在兰斯举行加冕式，成为查理七世，届时法国就拥有一位正统的国王，英国国王的主张就完全行不通了。
>
> 勃艮第公爵，之前的事情国王可以既往不咎，只要您宣誓效忠，像一名臣子那样服从查理七世国王。我诚恳地邀请您前来参加兰斯的加冕。

以贞德的立场来说，能与勃艮第公爵和解，使法国在查理七世的统治下实现统一，并让英国人主动撤离法国，那是最理想的。

收到这封信后，勃艮第公爵陷入了沉思。

本来，勃艮第公爵对法国王位很有野心，所以他才伙同英国与查理王子敌对。现在，他自然很不甘心依贞德所说的，对查理七世称臣顺从。

可是，过去的几个月，英军和勃艮第派的惨败使得他们目前无法展开行动。他所依靠的英国军队，已经四散瓦解，无法重整。而王子却已登上查理七世之位，逐渐获得法国人民的拥戴。

勃艮第公爵不由得考虑起他的将来：是和以往一样倚赖英国，继续争夺王位呢；还是放弃王位的梦想，向查理七世投诚呢？前者不知道能不能成功，后者又实在不甘心。

思来想去，最后，勃艮第公爵决定视往后情况的变化，再做考虑。

就在这时，英国代表要求会见勃艮第公爵，地点选在巴黎。会面的主要内容是就法国的情势交换意见。

英国的代表是梅特霍克公爵，他此次的目的，是想勃艮第公爵提供兵力，重整英国军队。而勃艮第公爵则是想亲自看看英军的现状。最后，经过磋商，勃艮第公爵同意派出士兵重整英军，但要求用金钱作为代价。梅特霍克公爵没有现金，所以改用实物进行交换。于是，勃艮第公爵得到了价值40000力布的珠宝和饰物，然后把700名士兵交给了梅特霍克公爵。

接着，勃艮第公爵把贞德写给他的信拿出来给梅特霍克公爵看。他们一边看信，一边哈哈大笑，讥讽贞德太过天真，完全不懂政治。其实，两个人的心里都在想怎样才能对自己更有利。

　　勃艮第公爵很想知道英国对目前法国的形势抱着什么样的态度，是否有明确的进一步的行动。这关系着他下一步的决定。

　　而梅特霍克公爵则一心想摸清楚，勃艮第公爵究竟还有没有利用价值。

　　为了使勃艮第公爵继续支持英军，梅特霍克公爵故意将一个秘密泄露给他。他说："有一支英国的大部队，最近就要抵达巴黎了。"

　　事情是这样的。现任的罗马教皇是英国一手扶植的，他为了征服波希米亚人，特地在英国国内招募了3500名士兵，组成了一支十字军。教皇得到英军在法国惨败的消息后，毅然决定将这支军队提供给英国。

　　于是，当兰斯沉浸在加冕大典的喜悦气氛中时，由英国大主教率领的3500人的部队，正在渡过英吉利海峡。

　　这个消息是梅特霍克公爵的王牌。勃艮第公爵听完之后，决定继续观察一段时日，再决定是否效忠查理七世。所以，勃艮第公爵并没有亲自出席查理七世的加冕式，而是特地派了一位代理使者前往祝贺。

　　勃艮第公爵一方面提供援军给英国以示忠诚；另一方面又派使者参加加冕大典，向查理七世表示好感。谁都没有得罪，真可谓两全其美。

　　加冕仪式结束后，贞德主张立刻攻击巴黎，态度激烈而且坚决。她的理由是，之前的战争已使英军元气大伤，现在的巴黎，就如同一座空城。国王如果能率 10000 名士兵前去攻击，必定手到擒来。

每次出席会议，贞德都很热心地说服国王和宫廷人士。但是国王始终希望和平解决争端，所以他数次命贞德写信给勃艮第公爵。贞德便口述，然后由部下代为笔录。信的内容都非常激烈但措辞优美。

> 高贵的勃艮第公爵大人：
>
> 　由于神之意志，少女贞德恳求您和法国国王陛下能互相宽恕，为法国带来永久的和平。
>
> 　我由衷地请求您不要对我们发动战争，不要让善良百姓的血流在战场上。
>
> 　公爵应当了解，如果您派兵到战场，那么，吃败仗是免不了的。

这不仅是一封渴望和平的请愿书，也是一个严厉的警告。内容大致是依照国王的指示写成的，只有最后一句是贞德的意思。

贞德特地在末尾强调这句话，是想让敌人认清事实。可是，国王和宫廷人士却深恐这句话会惹火对方，引起麻烦。

这一年的 3 月以来，贞德一直劝说国王进攻巴黎。

如果查理七世听从了贞德的建议，立刻采取行动，不但可以将英军赶出巴黎，甚至有可能把英国的势力彻底逐出法国。那样一来，勃艮第公爵自然也就乖乖降服了。

可是，查理七世懦弱的性格和宫廷人士的姑息态度，使得贞德和全法国丧失了这个最好的时机。

更可恨的是，查理七世和宫廷人士还对贞德隐瞒了一个秘密。那就是他们决定征求勃艮第公爵的同意，共同缔结停战和解条约。

主张这项停战和解政策的代表人物是大主教和国王的侍卫长等人。

到7月，国王终于决定采取行动。

7月21日，查理七世离开兰斯。可是他的方向并不是巴黎，而是苏瓦松。

从那时起，国王开始了一种贞德无法理解的"闲逛"。他到苏瓦松和其他几个地方，接受人民的庆贺和欢迎。同时又怕引起勃艮第公爵的不悦，所以，对各地人民的狂热拥戴，他并没有过多积极的表示。

接下来的一个月，国王走了很多城市，最后走向折回卢瓦尔河地区的路途。

这种行径毫无疑问是在退却，贞德不由得万分生气。

兰斯的人民也对查理七世感到十分失望。他们在写给贞德的信中说："我们为国王冒了那么大的危险，可是，国王却想抛弃我们，独自逃亡。下次英国军队如果再攻来，我们可能就完了！"

贞德回答他们："国王一直在卢瓦尔河地区徘徊，可能是与勃艮第公爵缔结了停战协议。"

已有数月未发生战争了，再加上国王的这种行动，这是否表示勃艮第公爵已同意休战了呢？

事实确是如此！

这几个月以来，查理七世一直背着贞德，和勃艮第公爵洽谈休战事宜，最后，勃艮第公爵终于同意将巴黎让给国王，休战两周。

其实，勃艮第公爵是在故意拖延时间，他想让英军休养生息，重整兵力，继续与查理七世分庭抗礼。就在国王到处闲逛的时候，英国大主教所率的 3500 名增援军，已经在 7 月 25 日悄悄到达巴黎了。

勃艮第公爵一开始就以停战和谈作策略，昏聩的查理七世和他的随从却对此深信不疑。

查理七世迟疑不决，不敢攻击巴黎还有另一个原因，就是当时的战争需要一笔相当大的费用，而刚刚加冕的国王显然对这笔费用很有压力。

这可耻的停战和谈背后，还掺杂着宫廷人士自身利益的纠纷。比如国王侍卫长与军队最高指挥官亚兰逊公爵之间的利益纷争。

侍卫长的领地被勃艮第公爵所占，只有停战讲和才有希望夺回。同时，侍卫长对和贞德并肩作战、屡建战功的亚兰逊公爵存有敌意，所以故意制造停战。

8 月 7 日，情势突变，英国的梅特霍克公爵再次向国王宣战。而国王和宫廷人士似乎还沉浸在和谈的幻想之中，迟迟不肯采取行动。

进攻巴黎

8月7日，国王接到梅特霍克公爵的挑战书。

> 梅特霍克公爵公告查理七世：
>
> 你竟敢忽视兼法国与英国两国之王的亨利，私自称王。我们在此向你宣战。
>
> 如果你不承认我们的法兰西王国，今后将还会有夺权与杀人之事发生。
>
> 我们并不惧怕那位叫做贞德的魔女和背叛教义之人，即使你将她带来，我们也毫不退却。

到这时，查理七世才发觉勃艮第公爵的策略和英国的阴谋，也收到了3500名英国增援军到达的消息。

贞德已经一刻都等不下去了，她催促国王和宫廷人士即刻向巴黎进军。

8月18日，国王一行人终于来到巴黎北方的贡比涅。由于受到此地人民的欢迎，所以，国王又驻留了下来。

贞德担心失去时机，一直劝谏国王，而国王每次都叫贞德不要担心。

贞德终于忍耐不住，独自离开国王和随从，与亚兰逊公爵一起率军向巴黎前进。8 月 26 日，部队抵达巴黎北面的圣丹尼城门（位于现在的巴黎。中世纪时曾是巴黎北面的入口）。

贞德和亚兰逊公爵不断派人催请国王进军巴黎，可是国王仍无行动。最后，亚兰逊公爵忍不住亲自折回，直接与国王谈判。国王终于答应第二天就出发。可是，到第二天，国王却仍然不肯动身。

在这段时间里，贞德不时带着少数士兵，与出击的敌人做小规模的争战。可是，敌人随时可能派大军出击，贞德的处境十分危险。

日子就这样过去。9 月 5 日，亚兰逊公爵终于忍耐不住，责备国王不遵守诺言。国王又一次答应第二天就出发。

6 日夜晚，查理七世总算到达圣丹尼了。

圣丹尼附近完全看不到人影，国王军一出现，居民们就全部逃到城里去了。这些居民和勃艮第派与英国的联军联合起来，共同对抗国王军。

第二天，9 月 7 日，是圣母玛利亚的生日，依照惯例应该停战。但是情势已经不容再耽搁，贞德毅然率军攻击。

勃艮第派与英国联军因为兵多、武器充足，在这场战争中占很大优势。

贞德所率的国王军要攻过城墙，必须先填埋护城沟。护城沟中有水，要铺上草或树枝。于是，士兵们用手推车、台车、马车，一趟又一趟地搬运着。他们在敌人面前，连续几天一直做着这个工作。

贞德的随从人员一个个被杀死，她的侍童路易和接替路易的雷蒙也都牺牲了。最后，贞德身上的甲胄也被敌人的箭射穿。贞德支撑不住，倒在地上，但是，过了一会儿，她又勇敢地站起来，鼓励士兵继续填埋护城沟。

士兵们已经疲惫不堪，工作却毫无斩获，不少同伴的伤亡更是让他们的士气极其低沉。贞德也几乎丧失了作战的勇气。国王方面，甚至接到了贞德已经阵亡的报告。到了8日上午，贞德因为箭伤发作，发起高烧，但她还是让亚兰逊公爵集结士兵。

这时，远处传来了喇叭声。原来是巴黎城内的一位伯爵前来投靠国王军。紧接着，又有两位重要的贵族也前来投诚。可是，他们忽然接到撤退的传令。

这是国王的最高命令，而且，还有一支小部队随令而到，以防贞德违抗命令。

贞德和亚兰逊公爵虽然很不服气，但还是服从了命令。撤退时，贞德把自己的甲胄和剑献给了附近的教堂。那是打败仗的一种习惯。

昏聩的查理七世

攻击巴黎失败后，查理七世又率领军队，前往卢瓦尔河流域。

9 月 20 日，军队回到洛西宫廷。

他们离开这里已经三个月了，这三个月之间，查理王子变成了查理七世国王。可是，他只是个有名无实的国王。到目前为止，他仍然未能掌握实权，甚至不曾得到法兰西境内所有民众的承认。

他所率领的这支军队也无法再维持下去了。军粮和军饷的支出都非常庞大，即使是一国之王，也很难长期维持下去。

另外，宫廷人士的不和也是军队被解散的原因之一。侍卫长一直想尽办法排挤亚兰逊公爵，并竭力使亚兰逊公爵脱离贞德。他的计谋终于得逞了。国王的军队在贞德面前被解散，亚兰逊公爵也被派往诺曼底。

贞德很欣赏亚兰逊公爵的为人，想和他一起去参加诺曼底之战，可是国王不答应。

另外，从解救奥尔良以来一直与贞德并肩作战的指挥官们，也都奉派他调，离开了贞德。

贞德被派到卢瓦尔河上游的一座城市作战。这里正被一位蛮横的流徙骑士控制。他强行占领了这座城市，并且仗着勃艮第派和英国军队的支持，不时与国王作对。

这里是连接卢瓦尔河与勃艮第派领地的重地。

贞德从 11 月开始攻击这里。攻击之前，她习惯性地向天使祷告，可是却听不到天使的声音。这一次，天使没有给她任何告示。

贞德一时不知如何是好。

这次战斗不同于在奥尔良时，贞德惨败而退。失败的原因，分析起来大概有三点：

第一，当时已经接近冬天，气候一天天地变冷，士兵们无法忍受露宿野地的生活。

第二，军队经费和粮食短缺，而且没有增援军前来相助。

第三，敌方的流徙骑士都勇猛善战。

过了一个月，贞德还无法攻下这座城市，只得先行撤退。不过，该地的居民都非常喜欢仁慈的贞德，发誓向国王效忠，并盼望国王军早日收复这块失地，解救他们。

到了冬天，天使的声音又在贞德耳边响起了。天使不断告诉贞德："到巴黎去！到巴黎去！"这种声音的次数越来越频繁。于是贞德也频繁地到国王那里，不厌其烦地转达神的意旨。可是，查理七世既不回答，也没有任何行动。反而在寒冷的冬末春初，四处巡游，接受人们的祝贺。

贞德随国王同行。每到一个地方，她就恳求国王一次，希望国王能听从神的命令攻打巴黎。可是国王毫不动心，他告诉贞德，他打算跟勃艮第公爵讲和。

　　讲和势必要作出很大让步，这样一来，查理七世根本就无法成为法国真正的国王了。

　　不久之后，各地谣言四起，大家都在猜测：国王是不是准备将兰斯也让给勃艮第派？

　　兰斯甚至派来一个代表团，请求贞德探询国王的意思。国王却绝口不提此事。

　　那段时间，贞德曾到过一个温泉胜地，在一位贵族夫人那儿住宿过。不喜欢奢侈豪华的贞德，在那里不得不穿着合于贵族身份的装束。

　　贞德在这个贵族夫人那儿享受了温泉浴，得到充分的松弛与休息。

　　这可以说是贞德一生中，唯一的一次休息。

　　可是，贞德被逮捕后，在鲁昂接受审问时，裁判官却一再针对这件事，攻击贞德是"过着亵渎神的奢侈生活"。

　　至于勃艮第派和英军在这段日子里的情况又如何呢？

　　这段时间里，勃艮第公爵第三度结婚，对象是葡萄牙的公主。英国的梅特霍克公爵趁机送给他一份贺礼，那就是让勃艮第公爵担任英军法国方面的司令官。

　　这是梅特霍克公爵的一项阴谋，因为他深知英军已元气大伤，国王军虽然暂时没有行动，不过，随时都可能攻入巴黎。所以，他让勃艮第公爵担任英军法国方面的司令官，一旦有事，就可以利用勃艮第公爵的军队了。

除了这件事，梅特霍克公爵又以另一个实际行动巴结勃艮第公爵——他让勃艮第公爵掌管香槟地区。

这是一种既可防备国王军来袭，又对英军有利的最佳策略。换句话说，只要勃艮第公爵和梅特霍克公爵认为有必要，他们随时可以向国王军挑战。

如此一来，在卢瓦尔河流域的查理七世和宫廷人士，当然受到极大的威胁。胆怯懦弱的查理七世只得收回"停战讲和"的旗帜，表示将要采取武力了。

异端裁判

前往贡比涅

1430 年 4 月，与勃艮第派的停战期限已经到期，查理七世知道和平解决已经没有希望了。

去年缔结停战协议时，法国北部的贡比涅反对声音最激烈。所以，查理七世故意将该地让给了勃艮第公爵。不过该地居民拒绝对勃艮第公爵效忠，顽强抵抗。最后，勃艮第派只好决定用武力征服他们，贡比涅居民却仍不肯屈服。

现在，停战期限已过，国王自觉有必要派兵解救贡比涅。同时，贞德也暗自下决心，一定要接近贡比涅，并尽全力守住它。

国王和宫廷人士对贞德要出征贡比涅的事，并不支持。查理七世虽然自知和平无望，可是怯懦的性格，使他不敢直接与勃艮第派为敌。国王对贞德说："出征可以，不过必须以你的名义出征，我不负责！"很明显，国王想一直保持局外人的态度，不被卷入战争。只要一有机会，他还是愿意跟勃艮第派和解的。所以，贞德这次出战，完全是自动自发的，并非直接受到国王的命令，甚至与国王毫无关系。将来出了什么事，国王一概没有责任。

在这种情况下，贞德既缺乏可商议的长辈，也没有默契良好的指挥官，更没有亚兰逊公爵的陪伴。

她必须独自率领士兵出征，她是唯一的指挥官，孤独而又寂寞。

贞德所率领的士兵，实在很不像样。因为国王未给她经费，所以她必须亲自征召义勇军，她和一位流徙骑士首领订立契约，雇用了 100 名流徙骑士。

他们看起来不像要去打仗，而像是要去做一番艰难的冒险。其实，这对贞德来说，也确实是最后一次的冒险……

贞德知道自己的使命快要结束了。从希农出发的时候，她就作出一个预言，她只有一年的时间，必须在一年之内完成所有的使命。现在，距离一年已经不远，所以，她不能再犹豫，必须迅速展开行动。

1430 年的复活节，贞德到礼拜堂参加礼拜，向神祷告，又听到了天使的声音。天使告诉她，贞德在这场战争中会被敌人逮捕，不过，神会解救她。天使希望贞德要有勇气接受命运。

贞德遵照神的意志解救法国，不仅要拥护国王，艰苦作战、征服敌人，更要为自己的双亲及祖国的同胞牺牲生命！贞德必须把生命献给神，按照神的命令，作出彻底的牺牲。

一定会这样，而且绝对必须是这样。自己一定会被逮捕，受尽凌辱。贞德反而很平静，因为这是神的意思。只有这样，才能真正地解救法国。何况，天使说神会解救贞德，这是神的恩宠，神会和贞德分担痛苦。

在前往贡比涅的途中，贞德做了些慈悲的圣女行为。

有一个出生三天的婴儿，全身发黑，已经奄奄一息，祭司拒绝为他洗礼。

那个婴儿的母亲流着泪对贞德说："我知道我这可怜的孩子已经没救了，可是他如果没有受洗礼，就无法上天堂，也无法埋葬，请你为他打开天门，替他洗礼好吗？"

贞德摸摸婴儿，发现他还有微微的体温，便叫其他的少女一起跪在圣母玛利亚像前，为他祷告。

结果，那个婴儿竟然醒转过来，祭司为他做了洗礼。仪式结束后，婴儿死了。不过，他总算能以天主教徒的身份被埋在墓地。

还有一次，贞德的部下捕到一个疑似勃艮第派的奸细，名叫弗兰克。贞德仔细地审问他之后，发现他是附近地区无恶不作的坏人，已经被裁判所判了死刑。

当时贞德的一位联络人，名叫乌鲁斯，前一段时间被勃艮第派逮捕。

在那个时代，俘虏是可以交换的。所以，贞德想用弗兰克换回乌鲁斯。可是，她把弗兰克交给勃艮第派后，勃艮第派竟然食言，将乌鲁斯杀害了。

这两件事，后来成为对贞德不利的证据。

为全身发黑的婴儿祷告一事，后来使贞德背负了"让死婴复活的魔女"的罪名;逮捕弗兰克的事实,则被歪曲为"背叛神的意志,做了天主教徒不该做的事"。

被勃艮第军俘虏

5月16日,勃艮第军夺取了贡比涅西部的一个城市,22日逼近贡比涅。

贞德知道后,立刻出击,在23日凌晨赶到贡比涅。23日中午,勃艮第军大举攻来,把贡比涅包围起来。

守备贡比涅的军队,把护城沟上的桥放下,准备观看情势的进展。

当天下午,贞德带领部分部属,向勃艮第军攻击,一路突破敌阵,深入敌区。勃艮第军趁机截断他们的去路,将贞德的部队包围。贞德的部下开始惊慌失措,四散逃命。虽然贞德拼命阻止部下的逃亡,但他们已经失去理智,无法控制,散乱地往护城沟的桥梁方向逃命。

城里的军队和居民看到这种情形,怕勃艮第军攻入城内,就把吊桥收了起来。贞德的部队没有了退路,被一拥而上的勃艮第派士兵残忍地屠杀。

没过多久,部队就只剩下贞德一匹孤骑,其余的士兵不是逃走,就是阵亡了。一名勃艮第军的随从骑士,在混乱中用力拉住贞德甲胄外的短大衣下摆。贞德坠马倒在地上,敌人便蜂拥而上。最后贞德被俘虏。

敌军们叫嚣着让贞德放弃她的信仰。贞德拒绝了，她说："我的信仰并非由你们而来，我是向我的神宣誓过的，你们无权要我放弃，我会一直坚持自己的信仰！"

敌人们逮到贞德之后，很高兴也很惊讶，因为他们认为贞德是魔女，是绝不可能抓到的。

不过，贞德却泰然自若，她知道这是神的告示实现了。她心里很安详，她十分了解她被俘的意义，她相信神会解救她。贞德向神祷告，感谢神。可是她不知道，像十字架那般痛苦的历程就要开始了。

和贞德同时被捕的还有贞德的哥哥和贞德的副官。

勃艮第公爵听到贞德被捕的消息，马上喜形于色。他的随从们更是高兴得大声欢呼。

尽管如此，勃艮第军仍然未能取得贡比涅城，因为居民们都誓死抵抗，发挥了最大的力量。可见，贞德的牺牲是值得的。

勃艮第公爵明白贞德的重要意义：一方面英国人非常想得到贞德，他们常说，一定要把魔女贞德活活烧死；另一方面，查理七世很可能会用赎金赎回贞德。

于是，勃艮第公爵把贞德公开标售，静待查理七世的态度。

不料等了很久，查理七世仍然毫无反应。

其实，法国宫廷这时正在召开会议，讨论如何要回贞德。

可是，查理七世竟然对贞德的安危漠不关心。一位主教写信给国王说："除非您不怕被责难为忘恩负义，否则，无论用何种手段，花多少的钱，都应该把贞德救回。"

然而，国王还是不为所动。他所关心的只是自身和法国的利益。他认为应该从国家的利益考虑这件事情，贞德对法国已经没有利用价值了，如果用武力抢回或花钱去赎回来，也没有什么用处。

由于得不到国王的消息，勃艮第公爵便准备和英军方面做交易。

英国方面想得到贞德，是因为他们害怕贞德，他们认为只要杀死贞德，法国就可以任由英国支配了。他们想将贞德交由宗教裁判。

如果宗教裁判证明贞德不是神的女儿，而是一个魔女，那样就能严重打击相信贞德是神的女儿的法国人。

不过，这项宗教裁判必须在法国人面前举行，并且最好由法国人亲自执行。

他们首先征得代理罗马教会的巴黎大学神学院的同意，并请求派人来参加裁判。就像耶稣被犹太人裁判一样，贞德也是被自己的同胞裁判。

贞德后来被判决为魔女，也和耶稣被指为"迷惑人们灵魂的骗子"的情况相同。贞德是不是也要和耶稣基督一样，背着沉重的十字架，走向各各他山呢？

逃亡失败

起初，勃艮第派把贞德监禁在贡比涅附近的一座小城，她的副官也和她在一起。在这里，贞德受到的待遇还算相当不错。

在中世纪，骑士是相当受人尊敬的，所以即使被逮捕，只要向对方表示服从，便可获得相当程度的自由。

贞德一方面表示服从，以获得一定程度的自由；一方面寻找着逃亡的时机。

她想要逃亡的最大原因，是她担心会被看守监牢的狱卒或城中的士兵强暴。

有一次，她趁狱卒送饭来时，跑出牢房，把脸藏在走廊的木板后，她以为自己穿着男人的服装，可能不会被认出，没想到还是被狱卒抓了回去。

贞德想逃走的第二个原因，是她担心贡比涅城。她一想到贡比涅百姓的痛苦，就坐立不安。

第一次逃亡失败之后，她又开始再次逃亡，结果还是没有成功。

贞德监禁地的最高军事长官叫做卢森堡，他见贞德不驯服，本来想用严厉的手段对待她，可是一想到她是未被定罪的重要人物，又心存顾虑，所以作罢。

后来，卢森堡把贞德带到自己的领地，这是一座像要塞一般坚牢的城池。卢森堡的妻女和姑姑都住在这里。卢森堡的女儿大约与贞德同龄。

他的家人都对贞德很亲切，想送给贞德一些美丽的衣服和布料，可是贞德说，没有得到神的允许，她不能收任何东西。

卢森堡的家人把这件事告诉了卢森堡，卢森堡认为，贞德可能还想逃亡。

事实上，贞德确实想尽了办法要逃亡。她认为自己如果落到英国人手中，一切就完了。所以，在勃艮第派还没把她交给英国人之前，她必须尽快逃出去。

卢森堡的姑姑了解贞德的心情，跑去向卢森堡求情，请他别将贞德交给英国人。卢森堡一心只想发财，当然不会答应。

在这段时间内，贞德曾经写信到 120 公里以外的一个地方，以购买日常用品的名义请求那里的人们借给她一些金币。其实，贞德是想用那些钱收买狱卒，让她脱逃。可是后来也失败了。

关于逃亡的事，天使的声音并不表示赞成。可是，贞德无法再忍受下去，她只想逃亡。逼不得已，她就从监禁的塔上跳了出去。

塔很高，贞德跌在地上直接就昏了过去。醒来后她发现自己又被狱卒抓了回来，并且还受了伤。

　　贞德不甘心地哭泣着，结果听到圣女凯瑟琳的声音对她说："你的伤会好的，然后，你会被贡比涅的人们解救。"贞德听到圣女这样说，很放心地不再逃亡。

　　11月21日，卢森堡终于把贞德卖给英国人了。

　　所得的价款分成三份，勃艮第公爵分到10000力布，抓到贞德的那个骑士分到6000力布，卢森堡分到300力布。

　　贞德被捕的消息传到巴黎，是5月25日的事。第二天，巴黎大学神学院就开始行动了。

　　当时，巴黎大学不但是欧洲的学术中心，而且是罗马天主教会的代理者，拥有很大的权势和影响力。

　　本来，巴黎大学神学院对贞德就非常注意。中世纪的天主教，神的教义必须透过教会传达给教徒，教徒本身绝不准私自与神交通。教徒们也不能任意解释《圣经》的教义，一切都得顺从教会的指示。而贞德自称听到神的声音，并且负有神的使命。这明显违反了教会的规定。

　　同时，此时的巴黎大学神学院，一方面代理罗马教会；另一方面受到英国的支配。

　　英国人虽然希望由法国人来裁判贞德是个魔女，不过，裁判的方法还是要完全由英国人控制。

　　于是，一些英国人士从5月底开始，就在研究一种最理想的裁判方法。

到了 7 月，他们终于决定任用主教柯逊作为裁判贞德的首席裁判官。柯逊 59 岁，是天主教会的代表，他年轻时就和勃艮第公爵关系很好，后来在勃艮第公爵的推荐下当上主教。由于勃艮第公爵的关系，他和英国方面也关系密切，并担任英国国王的顾问，每年可获得 2000 力布的报酬。

柯逊不仅是一位主教，也可算是一位外交官，为人精明而狡猾。英国方面正是看中了他的政治手腕。

接着，英国方面又就裁判仪式的地点进行了协商，最后决定在鲁昂举行，他们认为这样比较便于控制。而且，他们已决定把贞德当作一个"异端者"和"魔女"加以裁判。

异端者意味着违背教会，尤其是背叛天主教信仰，而改信其他宗教。魔女的意思当然也大同小异。

在当时的欧洲，异端者必须受到严厉的裁判，而且大都会被处死刑。本来，基督教义主张慈悲宽恕，教会明令禁止对异端者施以拷问和死刑。但是由于时代的趋势，教会对异端者的判决越来越严厉，到后来，也就不再反对拷问和死刑了。

中世纪时，教会对异端者的处置更为严酷，"异端裁判"和"逮捕魔女"的事件时有所闻，而大部分的异端者和魔女，都被判处火刑。

虐待与第一次审问

贞德被交给英军之后，暂时被关在一个要塞里，直到12月23日才被送到鲁昂，囚禁在城内的监狱里。

贞德被关在一间单人牢房，完全失去了自由，根本见不到阳光，也完全接触不到她最喜爱的大自然。但是，敌人似乎还不满意。他们把贞德放在铁笼里，脖子和手脚都用沉重的铁链锁住，并且派了五个英国士兵监视这个铁笼。

按照当时的习俗，狱卒无论如何虐待犯人，都不会受到干涉。因此，那五个英国士兵很粗暴地欺负贞德，用许多不堪入耳的秽语嘲笑她。

贞德只能更加专心地向神祷告，除此之外，她已经没有别的法子了。幸好，圣女们一直轮流用温柔的话语安慰她、鼓励她。

1430年圣诞节左右到1431年5月30日这漫长的五个月里，贞德就这样在牢里度过。她呼吸不到新鲜空气，还受到种种身体和精神上的虐待。

对天主教徒来说，吃到象征基督血肉的葡萄酒与面包，是心灵上最大的滋养。英军为了折磨贞德，从她入狱的第二个星期开始，已经不给她供应葡萄酒与面包了，只给她少量的已经腐败变质的食物。后来，英军又禁止贞德参加弥撒。物质和精神的滋养都被剥夺，贞德好像丧失了补给品般的空虚、颓丧。

英国人觉得，贞德越痛苦，他们才越快乐。

饥饿加上永无休止的审问，使贞德疲惫不堪，身心交瘁，终于病倒。可是，她一刻也不能松懈、大意，因为那些毫无人性的士兵随时都在窥视着，想对她施暴。尤其是夜晚，贞德根本无法放心睡觉。

可怜的贞德，好几次流着眼泪请求让她移到女囚专用的牢里，可是都被拒绝。

贞德有时不禁自暴自弃地想："不如让士兵们强暴，然后下地狱算了！"

事实上，不仅看守的士兵，就是英国贵族，也想趁机玷污她。

裁判贞德的圣职者人数众多，差不多有60名。英国为了使教会承认贞德是异端者、

贞德接受审判

魔女，可谓下了血本。

裁判团名义上的裁判长是一位勇敢而正直的大审问官。他很不赞成裁判贞德，可是教会的命令无法违抗。所以，他表面上接受这个任务，实际上，每一次审判，都故意缺席不到。

除了前面提到的首席裁判官柯逊，巴黎大学神学院还派了6名神学者担任裁判官。另外，还有英国方面的大主教、卢森堡的弟弟卢森堡主教、鲁昂教区的参事及由英国和诺曼底派来的圣职者等等。

1431年2月21日，裁判团第一次审问贞德。裁判官们得到了教会的授意，所以一开始，他们就认定贞德有罪，像猫在戏弄到手的耗子那样摆布着贞德。

可是，贞德非常坚强，每一个问题都回答得十分清楚，并且经常使裁判官哑口无言。

贞德在审判之初，曾要求教会尊重她应有的权利，请律师为她辩护，可是遭到否决。于是，贞德只能像耶稣基督一样，孤独地站在裁判官们的面前。

裁判官首先要贞德向教皇发誓绝不说谎，绝不对裁判团有所隐瞒。贞德坚定地说："我以我的双亲发誓，自听到天使声音以来的事，我都会据实以告。不过，神不允许我说的，即使你们杀了我，我也不会说。"

然后，审问开始。

审判官先问了贞德关于教义和信仰的问题。贞德回答说："我的双亲都是主虔诚的信徒。我从小受到母亲的教导，学习主祷文、圣母祝词和使徒信经。"这让贞德回忆起无忧无虑的童年，故乡如同世外桃源的风景，慈祥和蔼的双亲，一起嬉戏玩乐的同伴……一想到这些，贞德不禁流下泪来。

这一次审问的主要重点，是在贞德面前出现的圣人、圣女以及他们对贞德的告示。

中世纪时代的人们认为，有些天使可能是恶魔的化身。通常，恶魔都是以乌鸦或黑猫的姿态出现，可是，当他要迷惑人时，就会掩盖自己的本来面目，变成天使一样的美丽圣洁。

裁判官们认为贞德遇到的根本不是圣米迦勒，而是化身成天使的恶魔。如果是这样，那么，贞德首次在希农城谒见查理王子时，传达给王子的话，就不是"神的告示"，而是"恶魔的妖言"。贞德帮助恶魔散布妖言，就是恶魔的仆人，也就是魔女。这就是英国方面授意裁判官加在贞德身上的罪名。

贞德很快否认这项诬告，她说："我以主和法兰西的名义起誓，我遇到的的确是天使圣米迦勒。但是他给我的告示，我只能告诉王子一个人，这是神的意思。所以，即使砍我的头，我也不能泄露。"

在这次审问中，贞德表现出很了不起的幽默和机智，她虽未受过正式教育，不过头脑聪明、机智，反应很快，而且勇敢。这从她对下面几个问题的回答中可以看出来。

首席裁判官柯逊问她："天使圣米迦勒出现时是不是赤裸着身子？"

柯逊的这个问题十分恶毒，他想诬赖出现在贞德面前的圣米迦勒是恶魔，而贞德是受到化身为赤裸美少年的恶魔的迷惑，所以成了他忠实的奴仆。

贞德完全了解柯逊的用心，她机智地回答："主教，你认为神连给圣米迦勒穿的衣服也没有吗？"

这样一来，贞德既化解了他对自己的刁难，又当着许多裁判官的面，揭露了柯逊的愚笨。柯逊也就无法再问下去了。

接着，另一位著名的神学家问贞德："你第一次在希农谒见王子时，王子的全身是不是被一团光包围着？"

贞德回答："是的！王子全身都笼罩在一阵光芒中，那是一种非常耀眼神圣的光芒，并不是只有主教才会发出圣光。"

这又使他哑口无言。

还有一个裁判官问贞德："圣女玛格丽特和凯瑟琳，是不是憎恨英国人？"

贞德回答："圣人和圣女都遵从神的意志。他们爱神所爱，恨神所恨。"

裁判官又进一步质问："那么，神是不是憎恨英国人？"

"我怎么敢随便揣测神的圣意！我只知道神告诉我，英国人迟早会被赶出法国，法国人一定会赢得这场战争！"贞德的回答非常机敏而且直截了当，令质问的裁判官折服。

诸如此类的审问，每天要持续 8 到 10 小时。裁判官采用"车轮战术"，每一两个小时就换一批人，可是贞德却必须从头至尾站着回答。

裁判官还不断提出一些微小而繁琐的问题质问贞德，他们有意让贞德思维疲惫、头脑混乱，这样就有机可乘。可是他们的阴谋没有得逞，贞德对讯问过的问题十分清楚，一发现有重复的问题，马上拒绝回答。裁判官们一度拿贞德毫无办法。

裁判团的圈套

第二次审问时，裁判官首先问了一些无关紧要的问题。比如他们问贞德，在杜列米村学会了哪些工作。

贞德回答说："我学会了缝纫和编织，这两项我可以做得比鲁昂任何一个妇女好。"

接着，裁判开始进入正题。裁判官又质问起关于神的声音的事情。只要贞德的回答稍有漏洞，他们就可以指控贞德为魔女，可是，贞德的回答常常天衣无缝。

"神的声音正确地引导我去见查理王子，去解救奥尔良，又促使王子到兰斯加冕。除了神所指示的事之外，我什么都没有做。"

贞德并不害怕那些凶狠的裁判官，不过，审问的时间越来越长，贞德难免觉得非常疲倦。

裁判官们一看到贞德有些疲倦，马上趁机问一些不怀好意的问题："你有没有看清天使的整个面貌？"

"没有！我只看到脸，手和脚我不太记得了。"

"圣米迦勒长的什么模样？"

"圣米迦勒看起来像是很诚实的样子。"

"圣凯瑟琳和圣玛格丽特呢？"

"我一看到她们，就跑去抱住她们。"

"你刚才不是说只记得他们的脸，其余的都不记得了吗？"

贞德不知道该怎么回答了。

"你从杜列米村出发时，天使不是要你不可告诉双亲，要你蒙骗双亲吗？"

贞德未加思索地反驳："不是的！天使要我告诉双亲。"然后，她又考虑了一下，重新回答："不是的。我出发的事，要不要告诉双亲，天使让我自己决定。"

"到底哪一个才是正确的？

裁判官们的"车轮战术"显然已经起到了一定的作用，贞德有些混乱了。

裁判官想趁贞德神志不清时，套出"神的告示"的内容。这样一来，连王子对神祈祷的事，她也会全部说出来。

幸好，贞德警觉到这一点，马上加以拒绝了。她知道这些裁判官都想陷害她，所以她说："你们都想置我于死地，这点我很清楚。现在，我什么都不想说了，我是神派来的，你们早点让我回到神那里去吧！"

柯逊听到贞德这样说非常生气，他大声吼道："我们有让你发誓的权力，也有让你说出实话的权力，因为我们是裁判官。"

贞德说："你的意思是说，你们有权力随意裁判我。你们有没有仔细想过，你们现在在做什么？你们正处于一种很危险的立场。我再说一次，我是神派来的，你们让我回到神那儿去吧。"

接着，裁判官又把质问的主题转向"天使的声音"。他们问道："你最后一次听到天使的声音，是什么时候？"

贞德回答："今天早上。天使的声音叫醒了我，我就跪下来向神祈祷。天使的声音告诉我要勇敢地接受审问。"

裁判官很生气，不知如何问下去才好。片刻之后，他才接着问："贞德，你有没有受到神的恩宠？"

贞德回答："我若是没有受到恩宠，神马上就会赐给我！我若受到了神的恩宠，神也会让这恩宠长久持续。"

这真是最完美的回答，最能使贞德脱罪的答法。会说这种话的人，怎么可能是受到恶魔迷惑的魔女呢？

可是，裁判官们不这么认为，相反，他们觉得贞德如此会狡辩，肯定是有恶魔附身。

就这样，贞德凭借无比的勇气和自信，与那些狡诈的圣职者们对抗。

裁判官发觉自己说不过贞德，开始恼羞成怒，从心底憎恨贞德。正因如此，贞德的命运更加无法扭转了。

贞德又被押回牢房。

她的手脚都被锁链铐住，锁链的另一端系在床脚。这时正是欧洲大陆最寒冷的时候，贞德冷得全身发抖，缩成一团。许多虱子和跳蚤在她身上爬来爬去，吸着她的血。牢里充满了恶臭，没有阳光，没有风，这一切都叫她难以忍受。

更让贞德担心的还是看守她的狱卒。以前，他们在牢笼外监视贞德，现在铁笼被除掉了，狱卒就在牢里看守着她。

这些狱卒和贞德一起在牢房里过夜。虽然贞德已经把头发剪短，并且穿上了男人的衣服，可是，狱卒还是对她虎视眈眈，不知道什么时候会做出可耻的事来。

每当他们走近贞德，想对她无礼时，贞德就拼命抵抗，结果弄得浑身伤痕累累，血迹斑斑。

不过，这些还都不是最令贞德战栗的。她觉得异常恐怖的是火刑。裁判官曾在审问时说过："这个魔女一定要用火活活烧死才行！"

贞德在这样的折磨和恐惧中，好不容易熬到了复活节。鲁昂各地教会的钟声传到了牢狱中，贞德一面听着那些钟声，一面趴在冰冷的床上哭泣。因为她不但无法拜领圣餐，还被这些卑鄙的男人包围着。

长期的牢狱生活使得贞德的身体非常虚弱，她发高烧了，全身软弱无力。贞德有些绝望，她知道那些狱卒不会放过这样的机会，要保持清白已经是不太可能了。她只能默默地向神祷告，希望神能解救她。

果然，神听到了贞德的祈祷。

在她生病的三天里，那些狱卒一反常态，都没有来打扰她，让她能静静地躺着养病。那些人也不知道为什么，每当想走近贞德时，就会被贞德身上一种庄严的气质慑服，然后便不敢移动脚步。

三天的休息期很快就过去了，贞德马上又被拉上法庭，继续接受比以前更为滑稽的质问。

柯逊问她："你在战场上杀了很多人吧？"

贞德回答："一次也没有，因为我拿的是小旗。"

柯逊又问："小旗和剑你到底喜欢哪一个？"

贞德回答："当然是小旗！"

裁判官十分焦急，因为审问的进度太慢，未能达到他们预期的目标。他们原想用种种方法把贞德判定为一个魔女，可是贞德敏锐的回答，几乎要使他们招架不住了。

当然，这些裁判是不会就此罢休的，他们选出一位叫做罗伊塞勒的裁判官，让他改变装束，溜进贞德的牢房，先想办法获得贞德的信任，然后设法套出秘密。

当然，这是一种极其卑鄙的行为，但是在当时这种行为很普遍。裁判官们经常使用这种方法套出犯人的罪状。

罗伊塞勒先告诉贞德，他与查理七世陛下很熟，借此拉近距离。然后他开始问贞德许多事情，贞德都据实以告。这时候，其他的裁判官就躲在隔壁的牢房中偷听。

当罗伊塞勒问到紧要的问题时，贞德很警惕，马上看穿了他的阴谋。

在隔壁牢房中的柯逊发现这个方法行不通，就现身出来亲自审问她。

其实，贞德早就知道裁判官们为了将她判定为魔女，几乎无所不用其极，自己绝对敌不过这些邪恶的人，也无法逃出他们设下的圈套。

圣女贞德

裁判官的花样

一天，贞德又听到了天使的声音，天使这样对贞德说："你不要害怕殉教，也不要因殉教而悲伤。一切都听其自然，最后，你会到天上的王国！"

听到这个声音之后，贞德恢复了勇气，决定贯彻自己的信念。她认为裁判官们太过盲目，又受到英国方面的暗示，根本不足以代表教会。贞德决定亲自和教皇谈话。

再度受审，贞德向裁判官要求见教皇，她说："请带我到罗马教皇那儿去。到了那儿，我会把一切都告诉教皇。"

出乎意料，裁判官答应得很爽快，他们建议将审问贞德的法庭移到罗马，这样可以使各位主教

贞德塔

和教皇一起研究这个案子。

贞德知道裁判官一定有阴谋，他们可能又想出了什么方法对付她，所以她要求单独见教皇，接受教皇的亲自审问。

这个要求令裁判官们大为震怒，他们指控贞德在侮辱教皇，违抗教会，这样的行为是有罪的。

贞德毫不退缩，她说："不！我没有违抗教会，我的所说所做，都是受神的命令！我爱神，忠诚地服侍神。我是一个善良虔诚的天主教徒，我受过洗礼。就算死，我也是身为一个天主教徒而死。我当然也爱教会，但是你们不足以代表教会！"

裁判官没有理会贞德的要求，反而更加绞尽脑汁，用种种问题来困扰贞德，就连贞德离开双亲到奥尔良的事，也一再加以责难。

"你对父母这样不孝，还能算是一个善良的天主教徒吗？"

"因为那是神的命令，所以我一定要去！假定我有一百个父亲、一百个母亲，就算我是国王的女儿，我也会去。就连我这次的被捕，也是出自神的意志，只要是神的意志，我都认为是对的。"

神的意志是第一位的。这是贞德至死都未放弃的信念。

最后，裁判官们准备对贞德加以拷问，他们把贞德带到一个 13 世纪建造的古城塔里。这个塔后来被称为"贞德塔"。

拷问的道具在贞德面前一一排开，有烙铁、重石、钳子……

贞德看到这些刑具，一点也不害怕，反而很镇定。她说："即使把我的四肢锯断，把我的灵魂从身体里拉出，我也不会说出任何对你们有利的事情。"

这么年轻瘦弱的女孩，却有如此坚定的意志和勇气，这是裁判官们无法想象的。他们除了觉得惊讶之外，也深知这种拷问势必徒劳无功，只好临时取消拷问的计划。

但是，裁判官自然不会就此罢手，他们又继续研究能使贞德屈服的新方法。可惜，所有可能的方式他们都尝试过了，也找不出新的问题，只好一再用老问题来困扰贞德。

到了后来，裁判官们终于无计可施，只好照往例劝贞德改信宗教，并予以训诫。

如果贞德改信宗教，就等于承认了自己的罪过，承认一切行为都是恶魔所指使。那么，查理七世的加冕就无效，查理七世也不能算是正式的法国国王了。

柯逊对贞德说："法庭的陪审员都是有学问、有道德、宽大、慈悲的人，你去选一位能给你忠告，听你忏悔的人吧！"

贞德没有理睬，她不肯接受所谓的"忠告"。

最后，巴黎大学神学院的一位神学者对贞德说："贞德，你注意听着！假如国王命令你把守一个关卡，而有人未带国王所发的通行证想要闯关，你是不是不会让他通过？同样的，教会是以对神的信仰作为通行证，如果没有这个通行证，即使自称是神派来的，我们也不能让他通行！这个没有通行证的人就是你，贞德！"

贞德不愿屈服，为了贯彻她的信念，她说："我爱神，顺从神的命令！天使们把神的旨意传达给我。我不能相信圣米迦勒和圣女玛格丽特、圣女凯瑟琳是恶魔的化身。我是善良的天主教徒。如同我相信神圣的基督一样，我也相信教会是神圣的。所以，我不希望被教会放逐。不过，即使你们判我火刑，我也不会否定天使，你们无法从我身上夺去这种信念。"

被逼宣誓改信宗教

1431 年 5 月 24 日，贞德终于要被判决了。

她被从牢里提出，用马车载到判决的地方，那是修道院的古墓地。有许多当地的群众来看热闹，他们也渴望知道贞德究竟是"神的女儿"，还是魔女。

贞德被俘虏的这一年间，虽然连续受到审问、拷问，在牢中又生病、发烧，承受着难以忍受的痛苦，可是，她一点也不屈服。

她还是坚定地顺从神的意志，把神放在第一位。现在她只是希望为自己的权利再争取一下，她重申了见罗马教皇的要求。

贞德的要求得到了柯逊的怒叱，他说："教皇远在天边，各教区的主教就是教皇的代理人，我们和教皇是一体的。"

贞德明白自己再怎么抗争都不会有什么结果了，她默默无言听着柯逊诵读她的死刑判决文：

奉耶稣基督和正确的信仰之名，宣告你——贞德说谎、冒渎神、施行魔法、反抗，犯下背叛之罪，拒绝服从我们的教皇。

接着就要宣告火刑的判决，柯逊故意停顿了一下。

这时，一直陪伴在贞德身边的罗伊塞勒，附在贞德耳旁轻声说："贞德，这是你最后的机会了！判决书马上就要宣布对你处以火刑了，你赶快答应改信宗教吧。如果再不答应，你就会被活活烧死。快点答应吧，贞德！"

火刑的恐怖笼罩着贞德，她实在太害怕了，她被这种恐怖所慑服。

贞德面色惨白地喊叫："请停止吧！停止，我答应改信宗教了！"

于是，在修道院的墓地，贞德否定了过去的一切。她承认自己一直在说谎，神的告示和天使的声音都是自己编造出的谎言。作为一个天主教徒，这样的行为是极其不应该的。贞德说出这些话的时候觉得自己的行为很可怕，这样违背自己，甚至违背天使和神，可是，被处火刑比这个更可怕。

最后，贞德宣誓说："我对着圣彼得神圣的教皇及柯逊主教、罗马宗教裁判所的代表发誓，以后不再犯同样的罪。"

裁判官们终于胜利了！柯逊、罗伊塞勒都松了一口气。一切都按照他们的计划顺利完成，他们威胁恐吓贞德的手段终于达到了目的。教会的面子和巴黎大学神学院的权威都得以维护，英国方面的要求也有了交代。

他们让贞德在宣誓文上签字。由于贞德并不识字，宣誓文是一位官吏念给她听的，内容是这样的：

> 我，贞德，犯了很多错误。我自知做错了，所以决心悔过，回到神圣的教堂。我的革心，并不只是表面上的，我要以善良的意志回到教堂。
>
> 为了让别人知道我的诚心，我把所犯的罪过自白出来。神、天使圣米迦勒、圣女凯瑟琳、圣女玛格丽特向我告示的事，都是我的谎言。
>
> 今后，我绝不再反抗教会，并渴望一直跟教会成为一体。
>
> 以上是我的宣誓。
>
> 贞德

这段宣誓文是用法文写的，只有如此简单的几行。

一位英国官吏拉着贞德的手，让她在宣誓文上签名。贞德拿起笔，以不会写字为理由，在宣誓文上画了一个圆圈。

123

官吏似乎觉得这样不够,又拉起贞德的手再画了一个十字架。

官吏把签了字的宣誓文收走,贞德看着他的背影忽然笑了。

没有人知道她的笑意味着什么。是因为想到自己已下定决心殉教,现在却免于一死才笑呢,还是笑自己的懦弱或是觉得教堂强迫自己改信宗教的做法可笑?

总而言之,贞德在宣誓文上签了字。但事实上,这份宣誓文是有问题的,这根本不是官吏念给贞德听的宣誓文,而是另外一份以法文写成,内容长达50行的文件。

法国的博物馆里至今还保存着这份贞德签字的宣誓文,它的内容和上面的短文完全不同,里面写着贞德亵渎神和圣人,藐视神和圣经的教导,不遵守教会的规章。

除此之外,还写着贞德违背自然的规则,任意穿着男人的服装,亵渎女性的圣洁,使人们在战争中流血。

贞德被骗了,宣誓文被调包了!

当时,贞德被火刑的恐怖吓坏了,精神恍惚。裁判官们趁着贞德恐惧得失去神志时,设下可耻的陷阱。贞德并未弄清内容,就在被调包的宣誓文上签字,于是就掉入他们的圈套中了。

关于宣誓言文上说贞德任意穿着男装,这也是一项阴谋。

贞德穿着男装,本来是圣米迦勒的意思,也是神的命令。因为,她必须混在男人之中,解救奥尔良,让查理王子登上正统的王位。因此,贞德穿男装是顺从神的命令的。

可是,在中世纪,女性穿男装是最可耻、最淫猥的行为,会受到教会严厉的禁止。所以，贞德一被捉，教会就命令她不许继续穿男装。然而，他们却没有把贞德关在专囚女犯的牢中，而是把她关在了男人可以自由进出的普通监牢。这是教会的一个大阴谋。他们是在制造贞德被强暴的机会。

如果贞德被强暴，教会一定更有理由认为贞德是一个淫妇，而把她当作一个魔女处置。

贞德深深了解这一点，所以一直不肯换下男装。这些，教会方面当然也很清楚。他们在正式的宣誓文上列入一条"以后不再穿着男装"，这分明是要置贞德于死地！

判决

本来贞德已经悔过，又宣誓对教会忠诚，表示不再犯宣誓文上所列的罪过，照理说应该被无罪释放才对。可是，由于勃艮第派害怕贞德再去指挥国王的军队，所以竟将她判成无期徒刑。

英国方面对教会未将贞德处死的做法，感到非常愤怒。有几个英国大主教的部下当场责骂柯逊是背叛者，也有人向他扔石头，一位英国贵族甚至要杀了这位法国的圣职者。

教会为了安抚英国人，答应他们拥有再次裁判贞德的权力。于是，贞德又被关在牢里了！她发觉有许多事情和裁判官在审问中所说的不一样。

在修道院的墓地里，裁判官们，尤其是罗伊塞勒，曾经说过，假如答应改信宗教，贞德就会被释放。至少也会把她从监禁士兵用的牢里移到教会监狱，监视的狱卒也会由妇女担任，而且再也不会把她用铁链锁起来。

可是，宣誓改信宗教之后，贞德还是被关在以前的牢里，仍然有看守的男人随便出入。接着，她被命令恢复女装。贞德顺从了。因为，此时她已经疲惫不堪，体力衰竭，处在恍惚的状态中。

贞德知道被骗了！可是，已经来不及了。她穿的女装，当然不像在洛西宫廷所穿得那么华丽讲究，而是女囚穿的那种肮脏破烂的衣服。同时，贞德的头发都被剃光。

一个恐怖的夜晚，男狱卒们一窝蜂地向她拥来，穿着女装的贞德唯有拼命抵抗，最后总算保住了自己的贞洁。可是，全身伤痕累累，脸部浮肿。

5月27日，贞德又穿上男装。这是她宣誓不穿男装的第三天。牢狱里的神父责备她，贞德说："我如果不穿男人的服装，根本无法保全自己！"

这件事马上被告到法庭，接到报告后，柯逊带着人来到贞德的牢房。

贞德向他控诉自己所受的不平等待遇，以及教会对他的欺骗。"你们承诺了我三件事：第一是不用锁链；第二是允许我参加弥撒，拜领圣餐；第三是把我移到女囚房。可是已经过了三天，这些诺言一点都没有实现。我为了要保身，才穿上男装，如果不这样，狱卒们就想对我非礼。假如再这样下去，我情愿选择死，你们都不遵守诺言，所以，我才不遵守宣誓。"

贞德显然已经承认她违背了宣誓。

柯逊默不作声，表情冷峻。过了一会儿，他说："从悔过以来，你有没有再听到天使的声音？"

这是柯逊设置的一个可怕的圈套。被男人袭击、凌辱，心情极度不稳定的贞德，已经丧失了理智，她坦率地回答："我听到了，天使的声音说，我若是因害怕火刑而被迫宣誓的话，宣誓就应该取消！"

柯逊很高兴贞德的警觉性下降，步入了他的圈套。他又问："那么，你心里怎么想？"

"三天前我在修道院墓地宣誓改信宗教，是因为害怕被处火刑才说的。那是为了挽救自己的性命而犯下的罪，是背叛的举动，我已经下地狱了。我在那时说'我不是神派来的'，那也是谎言。我是神派来的，圣米迦勒、圣女玛格丽特、圣女凯瑟琳的确都在我面前出现过，天使们也常常把神的告示传达给我。"

接着，贞德否定了宣誓文中关于穿男装的内容："我穿着男人的服装，是为了表示我是神的仆人和战士，这是我的制服。我那天宣誓不再穿男装，完全是受了你们的胁迫，现在，我可以毫无顾忌地告诉你们，我要穿男人的服装。"

最后，贞德表示后悔前天所做的宣誓："宣誓文中的一切我都不承认，我不能做耶稣基督不喜欢的事。我从未违背神和我的宗教，我现在觉得很愧疚，为什么以前要说谎呢？我无法对神说谎，我的生命就是神的。好吧！你们随意处置我吧！"

贞德完全落入了圈套！她改信了"教会承认的天主教"，现在又推翻了这种信仰。这等于背叛教会，背叛教会的教条。

其实当时，贞德想，这样下去也是无期徒刑。要在没有太阳、没有风、没有新鲜空气的牢里度过一生，欺骗自己、背叛神，不时地忏悔、凄惨地度日……还不如被处死算了！

听完贞德的话，柯逊说："你背叛了信仰，所以，你是异端者，是背叛教条的人！"

一切都按柯逊和教会的阴谋进行，柯逊离开牢房，高兴地搓着手。他向等在外面的英国贵族喊叫："恭喜！你们胜利了，贞德完蛋了！"

由于说了这句话，柯逊在历史上留下了一个永远的恶名，也等于向世人宣告自己有罪。

5月29日，法庭召开一项审议会，对贞德作出了最后的判决。判决文的内容是："贞德再度反抗。她不通过教会，直接与神沟通，同时背叛教会，不遵守教会的教条，又犯下异端之罪。"

二度再犯的异端者，按照规定会被天主教教会放逐，受到世俗的裁判，也就是会被处以火刑。

判决中决定在第二天，也就是5月30日，将贞德处以火刑。施行火刑的一切事情，奉命必须在第二天上午 8 点之前准备完成。

永恒不灭的灵魂

5 月 30 日。贞德还不知道这是她在人间的最后一天。

清晨，两位修道士来到贞德的牢里，很难过地向贞德说："柯逊主教派我们来通知你，今天要将你施以火刑。"

贞德早已料到会有这么一天，也已经做好了殉教的心理准备。可是，她毕竟只是一个年轻的少女，她这时还未满 20 岁，听到将被处以火刑，贞德还是害怕得坐立不安。

贞德很悲伤，自己如此年轻，一次都没有堕落过，为什么要如此受苦？她乞求神降下真正的判决，裁决那些让她承受这种不该有的痛苦的人。

就像耶稣基督被钉在十字架之前做祈祷一样，贞德也开始向天祷告。

这时，罗伊塞勒出现了，他直视着贞德，然后问："天使还会出现吗？你还能听得到天使的声音吗？"

贞德擦干眼泪，坐得很端正，头抬得很高，回答说："是的。我还能听到天使的声音，天使告诉我不要害怕，我会上天堂的。"

罗伊塞勒又问："你听到的究竟是天使的声音，还是恶魔的声音？"

　　贞德没有正面回答，只是说："我已经向圣母玛利亚祷告过了。"

　　除此之外，贞德不知道该说些什么才好，她知道自己的命运已经无法改变了！接着，柯逊来了。他是巴黎大学神学院的院长，也是鲁昂教会的实际裁判长。他是来巡视贞德最后的情况。

　　贞德转向柯逊，骂道："主教，我是被你害死的！"

　　这句话非常严厉，有良心的人听了一定会反省，或向对方抗议。可是柯逊很冷静地回答道："你是因为不遵守宣誓而死的。"

　　贞德说："假如你把我关在教会的牢里，就不会有这种事了。你才是不遵守诺言的人！你们用如此不公平的方式判定我有罪，我要向神申诉！我会让你们到神的法庭去的！"

　　柯逊愤愤地走出了牢房。

　　贞德知道一切都无望了！所以她只能默默祷告，希望自己的灵魂能永生不灭。

　　过了一会儿，一位修道士过来了，他来听取贞德最后的忏悔。

　　依天主教的习惯，人在临死之前必须将以往的罪过做最后的忏悔。但是，贞德到底有什么罪可以忏悔呢？

　　忏悔仪式结束后，修道士向贞德宣告罪孽消除，她已经得到了神的宽恕。贞德对修道士说："我要殉教必须借助神的力量，如果没有得到象征神的血肉的圣餐，我没有勇气走上火刑台。所以，我请求能允许我拜领圣餐。"

修道士对于贞德的这个要求不知如何是好。一般的罪犯，死前都可以拜领圣餐，可是贞德并不是普通罪犯，他不敢私自决定，便差人去请示柯逊主教。

柯逊也不知道怎么办才好，于是召集所有的裁判官共同商量。最后决定让贞德拜领圣餐，并答应她此后的任何要求。

这真是一个很奇怪的决定。柯逊和所有的裁判官既然把贞德当作一个异端者、叛教者加以放逐，就没有理由再让贞德拜领圣餐，更不会答应她此后的所有要求。

他们当然了解这一点。可是，若从另一个观点出发，圣职者应该以慈悲为怀，不可以夺去犯人拜领圣餐的权利。他们为了避免遭人非议，决定破例一次。当然，这种决定是很不寻常的。

修道士递给她圣体——面包时，曾这样问："贞德，你相信这是耶稣的圣体吗？"

贞德连忙以安详而喜悦的表情回答："是的，我相信。唯有这才能解救我，令我自由，请给我吧！"

被宣告有罪之人，能接受象征着耶稣血肉的食物，重新获得无比崇高的信仰，这实在太令贞德高兴了！她的脸因喜悦而泛红，她的心里觉得非常幸福。

贞德流下了喜悦的眼泪，她已经好久没有这样过了。她显得很恭敬、虔诚，她的双手拥抱在胸前，有如紧紧拥抱着怀中的神。她仿佛被一种无以形容的爱包围，已经和耶稣基督合为一体。

神父和修道士也感动得热泪盈眶。无论多么无情的人，看到贞德诚挚、崇高的神态，都会禁不住感动到流泪的。

可是，等在牢外的英国人开始不耐烦了，因为贞德火刑的准备工作已经很早就准备好了。"快一点，异端者接受神的恩宠要有限度。"他们这样催促着。

于是，一切都完了，结束了。

鲁昂的火柱

马车在等待贞德。贞德很勇敢地坐了上去。她的心中拥有了神，已经没有任何惧怕了。她相信自己不久就可以到神那里去了。

马车开始前进。贞德穿着一身纯白的衣服，头上戴着纸做的帽子，帽子上写着："异教徒、叛教者"。群众纷纷拥在路两旁，形成了两道人墙，他们都屏住气息，凝视着马车上的少女。马车的周围，数十个穿着甲胄的英国士兵监视着，他们怕群众会闹事。

贞德坐在马车上，抬头挺胸，双手紧紧交叉在胸前，好像怕遗失了怀中的宝贝。

群众看到贞德如此年轻、貌美，非常惊讶。他们尤其钦佩贞德镇静的态度。如此年轻、高贵的少女，怎么可能会是魔女？为什么她要受那种残酷的火刑？

马车终于到了旧市场广场。此时是 1431 年 5 月 30 日上午 9 时。

旧市场广场大约 200 平方米，正中央有一个灰泥的火刑台，台中央有一根长长的木柱，高高地耸立着，火刑台周围的木材堆积如山。

广场的另一边，有一座背向教堂的看台，主教柯逊和许多僧侣都穿戴整齐地坐在那里。再前面一点，有更低的看台，坐着鲁昂的地方官和其余的官吏，他们也都穿着礼服正襟危坐。

另外，广场上还有约 800 名英国士兵和将近 10000 名群众。他们来此的目的都是围观贞德被处刑。

十天前才赶到此地的牧师，开始为她祈祷。贞德在台上站了大约 1 个小时，一直听着那些艰涩难懂的文字。

祈祷结束后，柯逊主教站起来朗诵宗教裁判的判决文。

那是由拉丁语书写的判决文，比之前的祈祷更加艰涩难懂。大致的意思是说这位少女以天主教徒的身份，犯下许多错误：违背教会的规定，协助恶魔迷惑群众，背叛天主教等等。所以，她必须接受教会制裁。

最后的判决是：处以火刑！

火刑台周围的木柴被浇上油，眼看就要点燃了。

贞德感到了死亡迫近的恐惧，她忍不住想要哭泣，可是她没有。她开始虔诚地祈祷。

　　这时，怜悯和叹息声充满了旧市场的广场。群众中传出了哭泣声，声音越来越大、越来越响。有些人不忍心看下去，流着泪离开了现场。

　　当贞德的长祷完成时，燃烧的烈火已经包围了她，"鲁昂的市民们！

贞德受刑

请饶恕我对你们所犯下的罪！同样地，我也饶恕你们对我所犯下的罪！耶稣！"这是贞德最后的声音。

　　白烟从广场上升腾起来，火焰也猛烈地飞舞着。不久，白烟笼罩了整个鲁昂地区，然后升到空中。贞德的灵魂也随之飞到神那儿去了。

　　贞德的身体还没有被烧完，火就熄灭了。死刑执行人奉了英国人的命令，又在未烧完的木柴上倒油、吹气，使之再度燃烧。但是，这样反复了好几次，仍有一部分丝毫无损。那就是贞德的心脏。

　　只有贞德的心脏拒绝被烧毁，仍然鲜红、膨胀，像活生生的一样。这颗心象征着深爱神和法国的贞德的灵魂，它想永久留在世上。

旧市场广场的群众极度惊骇和难过。可是，他们也不知道这究竟是怎么一回事。

贞德最后的一句话，还回荡在鲁昂的上空，使人们觉得罪过。在火刑场上的裁判人员包括柯逊、罗伊塞勒，以及巴黎大学神学院的学者、罗马宗教裁判所的高僧和英国人士，都好像触怒了神那样陷入纷乱，然后散开了。

群众从失神状态恢复清醒后，也感觉到震惊，争先恐后地离开了。但是，群众散到大街小巷之后，都在哭泣、喊叫、比手画脚、互相感叹，不知不觉形成了一波波凄厉的号啕声。

"我们把圣女烧死了！世界末日就要来临了！"

死刑执行人也非常惊愕和害怕，他把那颗心装在袋中，然后按照英国祭司的指示，丢入了塞纳河。

塞纳河流经巴黎和鲁昂，最后注入大西洋，是一条象征法国的河流。贞德的心可能就顺着这条河流入浩瀚的海洋里了！

解救国家的圣女

就这样，贞德死了！她死后，世上仍然留下很多因她而起的涟漪。

首先，使贞德被处火刑的主角柯逊，心里感觉不安。他并不是因为判处贞德而感到愧疚，而是害怕即将在德国举行的宗教会议。

　　这是一个共同商议、决定天主教教会种种事宜的会议，与会者包括罗马教皇及其所属的各国枢机主教，还有各国政府方面的代表。

　　柯逊担心查理七世会在宗教会议上提出控诉。因为贞德被处死，查理七世被否定了正统地位，这归根结底柯逊都要负上一部分责任。假如查理七世利用政治力量，对宗教会议施加压力，一定会影响到巴黎大学神学院的权威和柯逊的地位。柯逊马上向英国求助，英国方面计划派使节参加此次宗教会议，与法国对抗。

　　可是，柯逊考虑得太多了。可能查理七世认为事情不宜扩大，或者以为使用政治力量也无法获胜，因此，一点要提出控诉的征兆都没有。

　　看来，查理七世不仅性格懦弱，还十分的冷漠。他受贞德爱戴，由于贞德的帮助，才有勇气到兰斯加冕，可是现在对于贞德的死却不闻不问。也许当时的君主都是那样子的吧！

　　除了国王和圣职者，在一般百姓之间，也发生了一些奇怪的事。

　　例如，有一位长得和贞德酷似的少女，自称是贞德复活。其实，这是贞德的兄弟搞出来的把戏，他们想乘机敲诈查理七世，为贞德报仇。当然后来他们被人拆穿了。

等到一切平静下来之后，人们渐渐忘记了贞德，很少有人再谈论贞德牺牲生命、解救法国的神圣使命和壮烈事迹，仿佛这样一个传奇的为法兰西流血牺牲的少女从不曾存在过。不过，奥尔良的人民是个例外。他们绝对不会忘记贞德的恩德。

每年的 5 月 8 日——奥尔良被解救的日子，居民们都很热闹地在街上游行，也搭起舞台，演出《圣史剧》纪念贞德。所以，贞德的名声在奥尔良越来越高。

贞德的殉教并不是败北的象征，而是法国完成统一的起点。不知道是不是贞德的灵魂在天上守护着法国的命运。

不久，如贞德所预言的一样，在她祖国法兰西的土地上，英国人被完全驱逐出去了。查理七世用武力和政治力量赢得了英法百年战争的胜利，这使得后世给予了查理七世很高的评价。

在贞德死后的第 18 年，也就是 1449 年，查理七世征服了诺曼底，进入了鲁昂。

当年将贞德处以火刑的记忆，成为沉重的梦魇，笼罩在鲁昂人民的头上。每当想起这件事，鲁昂人民就难过无比。后来，他们请求查理七世再为贞德做一次公正的裁判。

详细的调查马上就展开了，没过多久，当年裁判的内幕被调查出来，那场蓄意陷害、蒙蔽外人，手段极不正当的卑鄙的裁判让知情人十分气愤。

后来，罗马教皇也介入此案，派遣特使到法国去调查。很多人被找出来当证人。

贞德的母亲就是证人之一，她那时已经很年迈了。她悲伤地流着泪，哭诉着贞德的乖巧懂事，以及她为法兰西、为主奉献的一切。

不久，贞德的冤情终于被洗清，有关人员也公开宣布当年对贞德的裁判是错误的。

又经过一段很长的岁月，大概有好几个世纪那么长，奥尔良人民仍然没有忘怀曾经解救过他们的城市，赐给他们自由的贞德。他们向罗马教皇请求褒扬贞德。

于是，1856 年，奥尔良的一位主教代表法国的 12 名大主教，要求罗马教皇再度裁判贞德。教皇答应了，并且马上派人着手调查。

除了法国之外，其他国家的天主教徒也希望把少女贞德供奉在祭坛上，就连英国也不例外。

又过了数十年，到 1909 年，贞德被天主教世界奉为幸运之神。

到了 20 世纪，法国被卷入了第一次世界大战，法国人民便在各地的贞德像前祷告，希望贞德能够回来，再次打败侵略者，保卫法国。

第一次世界大战结束后，人们决定称呼贞德为"圣女贞德"，罗马教皇也希望在圣人的名簿上添上贞德的名字。

1920 年 5 月 8 日，加封贞德为"圣女"的仪式终于在罗马的圣彼得教堂里如期举行。

那一天，教堂里人山人海，有近 300 名大主教、50000 名群众赶来参加赞美圣女贞德的仪式。

教皇戴着三重宝冠，走到前面。教堂里的钟声响彻云霄，教皇跪在祭坛前祷告了许久。接着，律师站起来为贞德辩护。然后，

贞德塑像

教皇先叙述他研究、调查这项裁判的经过，大家都站起来恭敬而仔细地聆听。最后教皇宣布说："奉基督的权力和教会的善举，将贞德列为圣女。"

说完，教皇开始唱赞美诗，群众也流着眼泪齐声合唱。银色的号角开始奏乐，乐声响彻了整个圣彼得教堂内外。同时，罗马所有钟楼的钟声齐鸣。

从此以后，天主教又增添了一位伟大的圣女。

现在，圣女贞德已经高居光荣的地位，然而，她还是像

从前在世间那样，对耶稣基督和她深深敬爱着的圣米迦勒、圣女凯瑟琳、圣女玛格丽特以及天上所有的神祷告着。

又由于罗马教皇的特别决定，圣女贞德成为她深爱着的法国土地的守护神。然后，法国人把每年的 5 月 8 日定为国定祭日，永久纪念解救法国的圣女贞德。